爱得太多的父母

14组家庭，20年追踪的家庭教育调查实录

林婉言 著

北方妇女儿童出版社
·长春·

版权所有 侵权必究

图书在版编目（CIP）数据

爱得太多的父母：14组家庭，20年追踪的家庭教育调查实录 / 林婉言著. -- 长春：北方妇女儿童出版社，2025.9. -- ISBN 978-7-5585-9569-1

Ⅰ．G78

中国国家版本馆CIP数据核字第2025K6B714号

爱得太多的父母 14组家庭，20年追踪的家庭教育调查实录
AI DE TAIDUO DE FUMU 14 ZU JIATING 20 NIAN ZHUIZONG DE JIATING JIAOYU DIAOCHA SHILU

出 版 人	师晓晖
责任编辑	王天明
装帧设计	季　群
封面设计	门牙狮工作室
开　　本	640mm×960mm　1／16
印　　张	14
字　　数	180千字
版　　次	2025年9月第1版
印　　次	2025年9月第1次印刷
印　　刷	北京中科印刷有限公司
出　　版	北方妇女儿童出版社
发　　行	北方妇女儿童出版社
地　　址	长春市福祉大路5788号
电　　话	总编办：0431-81629600

定　　价　59.80元

·写在开头·

我叫林婉言，一位专注于心理学、家庭教育与写作的人。

2014年，我开始旅居欧洲。

那是一个盛夏的夜晚，在葡萄牙里斯本郊外一间临海的老房子里，我遇见了两位后来频繁出现在我生活与思考中的朋友——西班牙心理医生加布里埃尔·冈萨雷斯（我叫他老加），和葡萄牙家庭教育专家米格尔·莫雷拉（我叫他老米）。

他们都曾在北京和上海生活，对中国家庭并不陌生。虽然成长背景迥异，我们却一见如故。那晚，葡萄酒在玻璃杯中轻轻摇晃，窗外海浪低语，谈话悄然滑向一个更深的问题：我们教育孩子的方式，真的能带他们走向自由吗？

我说，在我们身边，许多家庭教育的故事往往在孩子考上大学的那一刻戛然而止，像童话的结尾："白雪公主和王子从此过上了幸福的生活。"

爱得太多的父母
ai de taiduo de fumu

但我更想知道的是：后来呢？

那个被父母全力呵护、精心养育的孩子，成年后真的更快乐、更独立了吗？

我关注的，是那些"童话结局之后"仍在继续的人生：他们学会处理冲突了吗？能进入真正的亲密关系吗？是否拥有一个属于自己的、能好好呼吸的内在空间？

听到这里，老加和老米几乎同时惊呼："天底下真有这么巧的事！"

他们笑着说，这些年他们所做的工作、倾听的故事，简直就是我问题的答案。

原来，很久以前，他们在伊比利亚半岛发起了一项为期多年的家庭教育调查。

除了通过在线视频和电话为 700 多个家庭提供心理咨询，位于里斯本的咨询室也接待了约 100 位来访者——他们或来自波尔图的山丘，或从马德里、巴塞罗那远道而来。

有的来访者西装笔挺，试图撑起最好的一面；有的衣着朴素，眼神里写满未诉的痛。

有人全家同行，满脸愁容；有人独自前来，像那位母亲，手里攥着一张孩子的画，泪水早已模糊了颜料；还有一位父亲，递出 10 页密密麻麻的手写信，字里行间全是悔恨与疲惫。

这些故事深深触动了我，如同沉睡的种子渴望破土，一个念头随之燃起：或许，我能将它们写成一本书。

老加和老米欣然支持，愿意分享那些曾在他们心中盘桓已久的心声。

在接下来的日子里,我们常在厨房的餐桌旁、海边的石阶上、咖啡馆的角落,或咨询室走廊的长椅间落座。有时候只是几句话,有时候是一场长达几小时的深度交流。那些故事有时轻如一声叹息,有时沉得像石头落进水底。慢慢地,它们在我脑海中开始有了结构、主题与回响。

我将这 800 个家庭大致归纳为四种类型,精选出 14 个具有代表性的案例。每一个案例都是一面镜子,照见了父母与孩子之间的隐秘联结。

孩子的情绪、行为,甚至命运的走向,从不是偶然。他们所呈现的一切,往往正是父母无意识的延伸,是那些未被理解、未被疗愈的部分在孩子身上重新上演。可以说,孩子是父母内心深处那块未被看见的"投影布",他们的人生,时常在映照着父母未竟的故事。

为了保护隐私、增强可读性,书中的案例均经过改编。它们并不指向任何特定个体,但其中的情绪线索、关系动态与家庭结构,皆真实可信。

人们常说:"幸福的童年能治愈一生,不幸的童年需要用一生去治愈。"

可什么样的童年才算"不幸"?许多人会说,是缺爱、被忽视、遭冷落。

但我们发现,问题远不止"缺爱"这么简单。

许多父母倾尽所有去爱,笃信"只要给得够多,孩子就会更幸福"。但现实远比这复杂。

当爱变得太多、太满、太近、太密不透风时，它也可能成为一种负担，一种温柔的控制，一种无形的伤害。

这些看不见的问题，在一个个家庭中反复上演。

我写这本书的初衷，不是教你如何成为"完美的父母"，而是想邀请你一起思考：

爱，究竟是什么？

教养的本质，是不是该从"给得更多"，转向"看得更清"？

愿你在这本书里，不只是看到别人，也慢慢遇见自己。

林婉言

2025 年春于里斯本

目录

第一部分　付出型家庭

第一章　出于过度保护而付出的父母&无法独立的孩子　002
案例1　快乐不起来的露西亚　002
母亲总是把我们的事情摆在首位　002
25岁，我的人生还没开始　005
案例分析　007
从"幸福童年"到心理治疗之路　007
无限制的"爱"带来的后果　009
爱的本质：促进成长的审慎付出　011

第二章　源于控制欲而付出的母亲&婚姻不幸的女儿　013
案例2　快被逼疯的玛丽亚　013
我仿佛"嫁"给了我妈　013
从替我选大学，到替我办婚礼　014
因为婚礼，我老公和我妈差点儿闹崩　015
我们的小家庭中总有一个"妈"　017
她真的只是想帮忙　019

玛丽亚丈夫的困惑	020
听听玛丽亚的母亲怎么说	023
案例分析	026
爱得过多的父母，容易教育出无法处理好亲密关系的子女	026
爱得太多的父母，培养依赖性强且容易被操控的孩子	028
过度关爱孩子的父母&真正爱孩子的父母	029

第三章 为了夺爱而付出的父母&找不到自我的孩子　032

案例3　被"爱"所困扰的安德烈	032
父母分开了，却对我们更好了	032
我需要尊重，而他扔给我一件新夹克	034
得到了一切，却失去了自我	035
案例分析	037
父母的付出，不是为了孩子，而是为了满足自己	037
"夺爱"背后的需求	039
"付出"和"控制"之间的模糊界限	042

❤ 第二部分　无法接受不完美的家庭

第四章　不允许失败的父母&只能撒谎的孩子　046

案例4　"完美家庭"里的路易斯	046
被质疑的模范生	047
如果孩子有错，那一定是别人造成的	048
如果家是一个样板间	050

从打造家庭样板间到打造模范孩子	052
面对压力,孩子学会了撒谎	054
案例分析	057
"我的孩子必须优秀"背后的心理动因	057
宁可否认一切,也不愿意接受孩子平凡	058

第五章 在比较中长大的父母&在比较中长大的孩子　060

案例5　人生被规划的安娜	060
从小,我家就有一个"别人家的孩子"	060
我没有义务成长为她希望的样子	061
案例分析	063
有条件的爱	063
虚假自我的形成	065
自我防御机制	067

第六章 用期待做筹码的父母&在赞美中长大的孩子　070

案例6　优秀的葆拉	070
那个完美的"她"为什么还单着	070
伪定律:获取爱=做到完美	072
案例分析	073
完美背后的需求与代价	073
赞美和认同的区别	076

第七章　内心装满挑剔的父母&不敢让父母失望的孩子　079
案例7　永远弹不对F调的布鲁诺　079
　作为一名钢琴家的孩子　079
　我对你很失望　081
　案例分析　082
　卡伦·霍妮的"应该的专制"　082
　内心批判者的惯用伎俩　084
　摆脱内心批判者　087

第八章　拒绝现实的父母&求救无门的孩子　091
案例8　特殊儿童莉娅　091
　我家孩子怎么可能有学习障碍　091
　海啸般的爱，淹没的是自己的孩子　093
　看起来是在帮孩子，其实是在拯救自己　096
　案例分析　098
　总想帮助孩子是一种执念　098
　孩子与父母的"互赖症"　101

♥ 第三部分　童年补偿型家庭

第九章　奉献型妈妈&不懂感恩的儿子　106
案例9　总是为别人而活的贝伦　106
　我不想让我的孩子为钱发愁　106

我的童年不完整，孩子的童年必须完美	108
付出了，但也受够了	110
案例分析	112
过度弥补童年的养育	112
满足自己需求和满足孩子需求之间的区别	114

第十章 控制孩子的父母&用食物夺回控制权的孩子　118

案例10　因体重被抛弃的桑德拉	118
我感觉自己终于自由了	118
比起男人，美食更能带来持久的安慰	119
案例分析	121
食物，逃避现实的亲密伙伴	121
她渴望的不是食物，而是爱	124
认清需求，让食物回归本质	128

♥ 第四部分　边界模糊的家庭

第十一章 缺乏边界感的母亲&害怕被吞噬的儿子　134

案例11　感到窒息的安东尼奥	134
在妈妈面前，我没有隐私	134
从逃避母亲，到逃避所有女性	135
案例分析	136
没有边界的爱，到底有多可怕	136
我想被爱，但又怕被靠近	138

第十二章 挑剔未来女婿的父母&躺在妈妈怀里找丈夫的女儿 140

案例12　找不到结婚对象的卡罗尔　140
　　我一个人也能过得挺好　140
　　他不是"结婚的料"　141
案例分析　143
　　寻找一个十全十美的爱人　143
　　与其说找伴侣，不如说在找自己　145

第十三章 拯救型父母&具有国王思维的孩子 147

案例13　成功而失落的胡安　147
　　有事可以找爸爸　147
　　我以为我成功了　149
　　我做到了，但我又没做到　150
案例分析　153
　　他们需要一个能麻烦他们的孩子　153
　　"你很特别"和"你需要我才特别"之间：拯救型父母　155
　　婴儿陛下的特点　156
　　国王的"特权感"给孩子带来了什么　158

第十四章 不是母后的母亲大人&做着公主梦的孩子 162

案例14　永远想当公主的艾塔娜　162

我妈妈说"女人应该得到这些"	*162*
我都道歉了，还要我怎么样	*164*
案例分析	*167*
"被爱等于被照顾"的恋爱观	*167*
在婚姻中寻找父母	*169*

❤ 第五部分　总结：我们需要反思什么

第十五章　真正的成长，要突破共生	**174**
父母爱得太多，孩子成年后的14个特点	*174*
1.害怕做决定	*174*
2.在关系中频频受挫	*175*
3.深重的愧疚感	*176*
4.抱怨生活的不公	*176*
5.信任难题	*177*
6.强烈的控制欲	*177*
7.做事半途而废	*178*
8.惯性自责	*178*
9.期待特权待遇	*179*
10.抗挫折能力薄弱	*179*
11.害怕成功	*180*
12.易产生饮食失调	*181*
13.自卑感	*181*

14. 创造力匮乏 　　　　　　　　　　　　　　　　　181
共生的隐形牢笼给孩子带来了什么 　　　　　　　182

第十六章 孩子独立与父母放手之间的博弈 　　　185
哪吒式分离：孩子必须"离开"父母，
哪怕是用最疼痛的方式 　　　　　　　　　　　186
勇于抉择的费尔南多：现实中的哪吒式分离 　　188
亚伯拉罕式的放手：放下的不是孩子，而是控制的执念 　192
彩虹之约：爱该有的样子和颜色 　　　　　　　194

后记 在爱中放手，在放手中见证奇迹 　　　　　197
附录 彩虹之约行动清单 　　　　　　　　　　200
放下"完美父母"的幻想与控制欲 　　　　　　200
重新学会尊重自己的感受，每天练习接纳并认可自己 　201
重视人际交往，发展身心爱好 　　　　　　　　201
关闭"自动驾驶模式" 　　　　　　　　　　　201
用心经营婚姻 　　　　　　　　　　　　　　　202
学习一些亲子交流的有效技巧 　　　　　　　　202
与自己的父母谈一谈，打破旧有的关系模式 　　203
告诉孩子你的改变 　　　　　　　　　　　　　203

第一部分

付出型家庭

父母总以为给得越多，
孩子就越好，却不知道，
他们真正该留下的是空白。
因为成长从不是"安排好"的
成果，而是一场必须亲自走过的旅程。

第一章

出于过度保护而付出的父母&无法独立的孩子

案例1 快乐不起来的露西亚

这是老加和老米在800个家庭调查中,最早讲给我听的一个故事。

30岁的露西亚,住在巴塞罗那市中心一幢光线明亮的顶层公寓里。她外表亮丽,事业稳定,身边有无条件支持她的父母。在外人眼里,她的人生就像那间洒满阳光的公寓——干净、明亮、令人羡慕。可只有她自己知道,那扇窗外的光照不到她心底。她常常感到一种深不见底的空虚,自己像一只断了线的风筝,悬在半空中,找不到任何落脚点。

母亲总是把我们的事情摆在首位

"从小到大,妈妈真的对我们非常尽心。她不是那种热衷于各种活动或抛下孩子与闺蜜共进午餐的妈妈,她的关注点都是自己的孩子们。"露西亚说。

"小的时候，我只要觉得无聊，她就会放下手头的事，带我去动物园、逛街、看电影。她从不会说，'你为什么不找点别的事做？'或者，'露西亚，我现在很忙。'

"妈妈也不喜欢把我和弟弟马科斯丢给保姆，所以她和爸爸无论去哪儿都带着我们。他们每次计划周六的行程之前，都会来问问我们的想法，尽量让我们也参与其中。在我的印象中，他们从来没有丢下过我们，去享受二人世界。

"所有朋友都喜欢来我们家聚会。因为即使我们把家里弄得乱七八糟，我妈妈也会打扫干净。她也吼过我们，但没起任何作用。主要是我妈妈对我们生气从来不超过两分钟，她吼完我们之后还会跟我们道歉。

"我妈妈听起来是不是无可挑剔？"她顿了顿，苦笑了一下，继续说道，"从外表看，确实如此。但你们知道的——即使不富裕，一个孩子也能被宠坏。我们家并不是很有钱，可生活得很舒适。我从来不需要争取什么，因为想要的东西，往往不用开口，妈妈就已经安排好了。

"通常都是妈妈说，'你明年就要上高中了，得添几件新衣服。'或者，'你应该买那条牛仔裤，所有孩子都在穿。'其实她才是那个更需要新衣服的人，但她总说：'我哪儿也不去，穿什么都无所谓。你们穿得好看就行了。'"

就这样，露西亚变得越来越依赖母亲，母亲也从未令她失望过。"小时候我是个沉默寡言的孩子，这让妈妈非常担心。

有一次吃饭，弟弟马科斯吵闹个不停，而我在一旁默默地扒拉着盘子里的食物。这时，妈妈盯着我问，'怎么了，露西亚？你为什么不说话？'我回答'没事'，可她一直追问，直到我大喊，'我真的没事，你为什么不能让我安静一会儿？'然后冲回房间。

"很快她来到我的房间门口，我知道她会跟过来。在我们家，孩子是不被允许不开心的。她会坐在我床边不走，直到把我的烦恼一点儿一点儿挖出来。然后她会坚定地告诉我，是老师太刻薄，是同学不懂事，是朋友太差劲——总之，任何惹我生气的人都不对，一切都不是我的问题。她真的相信这一切。那时候，妈妈总能让我感觉好受一些。"

露西亚低头笑了一下，又摇了摇头。

"多年以后，我开始接受心理治疗。我常常一言不发，低着头看着地板，等待治疗师替我'找出问题'。我希望他说我是对的，别人都是错的。如果他不这样说，我就会生气。

"妈妈常说，'如果能让你快乐，我和你爸爸连月亮都愿意为你摘下来。'他们确实这么做了。在我的生命中，没有人像我妈妈那样为我倾注那么多精力。

"有一次，我抱怨读大学太无聊，想找份兼职。我去了一家商店填了申请表，但又很快打了退堂鼓。最后，是我妈妈一家店一家店地跑，大谈特谈她有一个多么优秀的女儿。最终，她替我在一家照相馆找到了工作。

"我干了大概一个月，每天都是清理相机镜头、分拣照片。

真是太无聊了。于是有一天我干脆没去上班,什么也没解释。工作就这样结束了。我处理很多事情都是这样:突然消失,让别人去猜发生了什么,或者干脆让妈妈替我打电话去解释。"

25 岁,我的人生还没开始

大学毕业后,露西亚依然住在父母家里。她并非不想离开,而是每当她提起搬出去,父母总是劝她:"你一个人住会太辛苦,不如再等等。"然后,她会选择听话,继续待在那个熟悉而舒适的家中。

"我在一家出版社做编辑,听起来挺体面,大家都觉得'搞出版的人应该很有文化'。"她说,"其实我大部分时间都在做一些复印文件和收快递的打杂工作,有时候自己出版社的书讲的是什么都说不出来。"

"我每天按时上下班、吃饭、洗澡、看电视,一切似乎都井然有序。可正是这种'没什么不好'的日子,让我觉得自己正在被一点点儿掏空。我大部分时间都觉得自己快疯了。我没有遇见过一个能让我考虑交往的男人,很要好的朋友们也都越来越忙。我抱怨她们从不主动找我,她们反问:'你为什么从不主动打电话给我们?'可我从不擅长做计划。不知不觉到了周末,我还是一个人窝在沙发上,看着电视发呆。

"那年我 25 岁,却觉得自己的人生根本没有真正开始。我什么都没做,却总是感到筋疲力尽。我开始幻想,如果能搬出去,也许一切会变得不一样。一个周末,我一个人坐车去了市

爱得太多的父母

中心,开始找房。脱离妈妈的帮助太难了,但我下定决心,这一次不要她陪我。我想,这也许是迈向独立的第一步。可那天,我走了一整天,看了一圈又一圈的房子,脑子里全是灰扑扑的楼道和重复的结构,像梦境一般毫无辨识度。"最后,她在疲惫中选了一间最不起眼的,几乎没多想就签下了租约。

"那个公寓很糟糕,简直是蟑螂的天堂。浴室天花板上有裂开的石膏板,洗手盆里是一大块锈迹。但我实在太累了,就交了押金,签了合同。"

第二天,父母来看她的新住处,立刻崩溃了。

"'你不能住在这样的地方!'妈妈几乎是哭着说。

"'我只租得起这样的!'我大喊回应。

"爸爸没说什么,只是把我和妈妈塞进车里,在城里开了一圈,最终把车停在一栋看起来高档的大楼门前。

"我走进去,看到泳池、阳光甲板,心想:天哪,住在这里多棒啊。但我知道我根本负担不起。我一句话也没说。

"父母说,'你应该住在这样的地方。'于是我搬了进去。他们每月寄支票给我,帮我付房租。我本来是想独立,结果到了25岁,还是靠他们养活。

"生活继续,我继续工作、继续按时上下班、继续看起来无忧无虑。直到快30岁时,我的身体开始频繁报警。我总是莫名疲惫,胃部不适,夜里失眠。我去看医生,医生做了一圈检查,最后建议我接受心理治疗。

"我立刻换了医生。在我看来,只有那些被虐待过或精神有问题的人才需要心理治疗。我不是那种人。

"最后是弟弟马科斯劝我去看治疗师。我们关系很好,他比我更了解我。他说,从外表看,我的人生很顺,住着漂亮的公寓,有一份体面的工作,但他知道,我的生命其实是个空壳。

"我确实是。我总是沮丧、空虚,对什么事都提不起兴趣,整个人像一潭死水。

"我不愿意承认,但我很孤独。我不快乐,也不知道怎样才能快乐起来。别人问我擅长什么,我完全不知道。我不停地抱怨生活,但又无力改变它。

"我知道我让父母很失望。他们在我身上倾注了那么多精力,至少我应该是个快乐的人。但我不是。我抑郁,我在接受治疗,而他们还在为我付治疗费。

"他们每天都在想办法,然后打电话给我,提出建议,讨论:'我们还能为露西亚做点什么?'"

案例分析

从"幸福童年"到心理治疗之路

很多人可能会疑惑:露西亚有一个无微不至、事事包办的母亲,从不让她受半点儿委屈,她的成长轨迹,看起来明明是"含着糖长大"的。按理说,这样的孩子应该是幸运的,为什

爱得太多的父母

么却成了一个30多岁依然空虚、没有自我、没有生活动力的人？问题究竟出在哪儿？

讲到这里，老加看着我，苦笑着说："做心理咨询，有时候真的很残忍。你得告诉一个对孩子倾尽所有的母亲——她用心建造的安全屋，已经变成孩子逃不出去的牢笼。"

对露西亚的母亲来说，做一个有爱心的父母，意味着无休止地做饭、打扫、接送、安排、倾听、呵护和溺爱孩子。这在某种程度上是对的，但露西亚的父母付出得过多了。

童年正是每个孩子从错误中吸取最深刻教训的时期，而露西亚每天回到家，都能听到母亲把她的错误或懊恼归结为其他人的过错。母亲爱女儿，想保护女儿，所以试图通过合理的解释，排解露西亚的痛苦。在露西亚看来，或许她曾经对此感到好笑与无奈，但被偏袒的滋味实在是让人舒适，随着时间的推移，她渐渐也会觉得母亲的话是如此令人信服。

这种被偏袒的"幸福童年"会给孩子带来很多隐患，长此以往，孩子慢慢就会发展出很多不健康的心理模式，比如露西亚的依赖性，遇到事情就认为"错在别人"的心理。

不仅如此，露西亚还从很早就知道，母亲对自己是时刻关注着的，并且任何事都愿意效劳。只要她流露出一丝悲伤的表情，甚至有时根本无须展露任何表情，父母就会发自本能地冲上去营救她。她不开心，他们则想方设法为她解决麻烦。她需要一份工作或一套公寓，他们马上双手奉上。父母承担起了本该由她自己担负的责任，并把责任变为己任。

这些付出对露西亚意味着什么？她百无聊赖、焦躁不安，同时又充满期待——她用尽大半时光等待能让自己快乐的事情发生。她开始相信，自己不需要掌控人生，也无须对人生负责。她被动地等待着别人给她的一切，没有任何野心或精力去做更多的事情。她清楚自己可以一直依赖父母，对此她安全感十足并且心存感激，但这种安全是有代价的，露西亚必须用舍弃自由和成就感去换取轻松。

无限制的"爱"带来的后果

老米说，当一个母亲过度保护孩子时，某种结局几乎就已注定：**一个无须通过自己的心做出选择的人，自然会生长出自我怀疑的内核。**

"我行吗？"露西亚在内心反复追问。然后在父母为她安排妥当一切后，告诉自己："喔，我怎么可能知道该怎么做。"她在不断地自我弱化中开始倒退，甚至连给朋友打电话组织聚会这样的小事，对她来说都成了无法逾越的高山。

当"爱"成为家庭养育的基调，孩子们无疑是幸福的一代，但一旦父母们总是爱得太多，超出了孩子真正需要的范畴，幸福的一代也就会变成缺乏自主能力的一代。

老加指出，在他接触的案例中，有不少人学历不低、职业光鲜，看似"赢在起跑线"，却连一个少年应有的自信与独立都未建立起来。露西亚就是个典型的例子，她从没有获取成就感或掌控自己的生活。她的父母出于好意，阻碍了她的发展。

爱得太多的父母

母亲原以为挡住风雨就是保护,殊不知,连同风雨一起被挡住的,还有孩子通往成熟的路径。

在这样的家庭里,孩子往往不是沿着自己的渴望成长,而是被"妥帖安排"地生活。吃什么、学什么、喜欢什么,甚至未来的路怎么走,早就有了"预设答案"。父母相信,提供越多,介入越深,孩子就越幸福,而自己也就越称职。

他们的爱,是一种无微不至的"服务":

是热腾腾的饭菜;

是准点守候的车辆;

是提前替孩子扫除所有障碍;

是一句句"我这是为你好"的努力与牺牲。

他们几乎给了孩子所有,却唯独忘了留出一个最重要的空间——让孩子成为他自己。从某种意义上说,这些孩子拥有一个旁人眼中的幸福童年,轻松就拥有了食物、住所、关注和与父母的亲密接触。但是,他们也几乎与生命中另一些重要的,甚至是更重要的东西无缘,包括:

- 自己的感受和意见被认真对待的自尊感;
- 试错的机会,知道如何从失败中爬起的抗挫力;
- 遵从内心,自主决定的能力;
- 自我认知力,知道如何发挥自己的优点,接纳自己的缺点;
- 还有最重要的是从小需要建立的内在胜任感——那种"我有能力去过我自己的生活"的自信。

老米感叹:"父母总以为给得越多,孩子就越好,却不知道,他们真正该留下的是空白。因为成长从不是'安排好'的成果,而是一场必须亲自走过的旅程。"

爱的本质:促进成长的审慎付出

精神病学家巴什曾说:"真正的自尊,是发自内心地相信自己值得被培养、被保护并且有成长的可能。这种自尊,来自一个人'我能做到'的亲身体验。"

简单来说,自信不是别人说你行,而是你亲自做成了一件事。

可当父母爱得太满,事事代劳,孩子不仅少了犯错的机会,也被剥夺了积累"胜任感"的过程。那些小时候被过度保护的孩子,长大后往往习惯了依赖。他们不知不觉将"有人替我做决定"视作被爱的表现,也把"自己去冒险"当成风险而非成长。

那么,什么样的爱才能真正让孩子成长?

《少有人走的路》的作者 M.斯科特·派克给出过一个深刻的定义:

"爱,是一种意愿,旨在促进自己和他人心智的成熟。它通过拓展自我界限,实现真正的成长。"

这份爱,不在于给得多,而在于是否促进成长。它不等于宠爱,也不是满足一切需求,而是一种"明智而审慎的付出"。

爱得太多的父母

派克提醒我们：当一个人已经具备独立的能力时，我们再去帮他，只是在阻碍他的成长。

真正的父母之爱，是克制的。

它知道什么时候要撑伞，什么时候该放手。

它能看着孩子跌倒，按捺住自己伸出的手。

它明白，让孩子受一点儿小苦，是为了他将来有面对大风暴的能力。

这份爱：

温柔，却不溺爱；

坚定，却不强势；

不靠本能，而靠觉察；

不是"越多越好"，而是"恰到好处"。

而这，正是"爱的觉醒"：帮助孩子成为他自己，而不是变成你想要的样子。

第二章

源于控制欲而付出的
母亲&婚姻不幸的女儿

案例2　快被逼疯的玛丽亚

玛丽亚的故事,是老加和老米讲给我听的第二个案例。

她的经历提供了一条重要线索:父母的过度付出,不只是剥夺子女的成就感,有时还会悄无声息地干预孩子成人后进入亲密关系。

我仿佛"嫁"给了我妈

玛丽亚第一次来到老加的心理咨询室时,正是卡洛斯正式向她提出离婚的一周后。

老加告诉我,他原本以为玛丽亚是因婚姻问题而来,但整整两个小时的谈话,她绕来绕去,说得最多的不是丈夫,而是她的母亲。

"那种强烈的情绪反应,往往背后还有更久远的情感伤

爱得太多的父母

口,"老加说,"这说明,她正在重复一种熟悉的关系模式,而不只是应对眼前的危机。"

"我妈妈快把我逼疯了。"玛丽亚几乎是带着怒气说出这句话,"她明明知道我正在经历人生最糟糕的时刻,却总能让事情变得更糟。"

"她做了什么?"老加问。

"她一次次地给我打电话,一天能打十几次,不停地告诉我:'绝对不能让卡洛斯从你家里拿走任何东西!确保自己拿到应得的一切!'她甚至还给卡洛斯的办公室打了好多次电话。"

"她对卡洛斯说了什么?"

"噢,我不知道,也没有问。我只知道卡洛斯很生气,比他以往任何时候都生气。"玛丽亚一边说,一边无奈地将手指插进头发里,显得十分烦恼。她不过20多岁,容颜姣好,一头金发在阳光下闪着光。但那天,她眉头紧皱,眼神黯淡,像被困在了一个永远也走不出的迷宫。

从玛丽亚的话里,老加发现了一些信息。"以往任何时候?以往的事情,你能具体讲讲吗?"

从替我选大学,到替我办婚礼

听到老加的话,玛丽亚长叹了一口气,语气放缓了下来:"那可能要从我18岁那年说起了。"

玛丽亚18岁高中毕业,即将申请大学。一天,玛丽亚意外收到了一封录取信,赫赫有名的巴塞罗那大学在信中祝贺她成为该校的新成员,这让玛丽亚大吃一惊,因为她根本没有申请过这所学校,甚至从未想过要去那里。很快,母亲就喜滋滋地来向玛丽亚"请功",说是自己替玛丽亚提交了申请材料。玛丽亚为此和母亲大吵一架,最后在母亲受伤的眼神里,她表示自己坚决不会去巴塞罗那大学,最终选择就读于另一所院校。

然而,这次反抗的结果并不尽如人意,玛丽亚对自己选择的大学并不适应。她前后换过三个室友,但是她和每个室友都相处得很不愉快,班里也没有任何人愿意和她做朋友。大二那年,她退学了,转去一所社区大学就读,也就是在那里,她认识了卡洛斯。

"除了我妈妈,世界上没有谁会像那时的卡洛斯那样爱我了。无论我说什么,他都显得兴致勃勃。他总是关注着我,想知道关于我的所有事,仿佛我是世界上最迷人的女性。那时候我们从不争吵,相处得舒服极了。"玛丽亚回忆着美好的往事,脸上不禁带了些许笑意,"从社区学校毕业的第二天,我和卡洛斯就迫不及待地订婚了,然后就到了筹备婚礼的环节。没想到,婚礼成了卡洛斯和我母亲矛盾的开始。"

因为婚礼,我老公和我妈差点儿闹崩

对玛丽亚的母亲而言,玛丽亚的婚礼简直是件值得登上媒体的大事,必须盛大隆重。于是,她不仅广邀宾朋,还亲自策划了玛丽亚婚礼的每一个环节,光是那件婚纱就价值不菲,玛丽亚的母亲甚至为此去银行贷了款。婚礼当天,一切几乎可以

爱得太多的父母

用尽善尽美来形容,之所以说是几乎,是因为新郎卡洛斯脸上的表情,多少有些不好看。

"卡洛斯希望我们的婚礼是那种小而温馨的,只有双方直系亲属参加。我妈妈一听就直接驳回了,说自己这辈子一直有个愿望,就是在自己小女儿的婚礼上步入红毯,接受众多亲朋好友的祝福。我能有什么办法,只能答应了下来。婚礼结束后,我妈妈很满意,而卡洛斯很郁闷,他觉得自己没有被尊重。"讲到这里,玛丽亚无奈地耸了耸肩。

"那你的意思呢?你希望你的婚礼是什么样子?"老加看着玛丽亚的眼睛,问道。

她的眼神顿时飘忽起来:"你知道的,我之前没有去妈妈选定的大学,结果并不怎么好,还伤了她的心,虽然后来因祸得福地认识了卡洛斯,但终究还是走了不少弯路。所以婚礼这件事,我真拿不准如果不听她的话,后果会怎样。虽然她可能是强势了一些,但她所做的一切一定是为了我好。"

这是一个值得玩味的局面,在玛丽亚和卡洛斯的婚礼中,卡洛斯的意见被否定了,玛丽亚则干脆没有自己的意见,玛丽亚的母亲似乎成了主角。这种过度的参与,我们在很多父母身上都能见到,他们必然是真心爱着自己的孩子,所以才会将能力范围内最好的东西都捧到孩子面前,从名牌大学的通知书,到价格昂贵的华丽婚纱。

在这样浓稠的爱之下,孩子想要坚持自我,需要承受的压力往往是更加巨大的。每一次真实表达,都难免要背负上辜负父母好意的心理负担，这种负罪感足以让人对自己的选择产生怀疑，甚至是后悔。玛丽亚就是个明显的例子，她在短暂的"叛逆"后，便陷入了对母亲长久的愧疚和言听计从中，因为比起顶着压力坚持己见，听母亲的安排会让她感到轻松。然而，又由于她的自我意识尚存，所以，她难免有时又对母亲的过度干涉心存怨念。

我们的小家庭中总有一个"妈"

"婚礼之后，卡洛斯和我妈妈依然互相看不顺眼。"玛丽亚轻声说着，手里的勺子不停搅动着咖啡，"每次我和卡洛斯吵架，我妈妈都会坚定地站在我这一边，觉得肯定是卡洛斯做得不够好。而卡洛斯则认为，我不应该什么事情都告诉我妈，她也不应该介入我们的生活。"

她顿了顿，勺子在杯壁上轻轻敲了一下，"后来，我怀了女儿卡拉，情况变得更糟了。"

"能具体说说，你们的关系是怎么一步步恶化的吗？"老加问。玛丽亚点了点头。

得知玛丽亚怀孕，她的母亲简直欣喜若狂，立刻就去买了全套的婴儿用品、一组婴儿房家具、一屋子婴儿玩具，以及各种其实并不需要的东西，大大小小的箱子顿时堆满了玛丽亚的家。卡洛斯对此非常生气，他说他本想亲自给孩子准备东西，却被剥夺了机会。玛丽亚虽然也觉得母亲自作主张，但又认为自己也实在无辜，因为这些东西不是她让母亲买的，卡洛斯没

爱得太多的父母

道理对她生气。

"那些东西呢?你退给你妈妈了吗?"老加问。

玛丽亚摇摇头:"这我怎么说得出口。我妈妈也是一片好意,我能有什么办法。我留下了那些东西,但从那以后,卡洛斯和我妈妈的关系更差了,尤其是在卡拉1岁和5岁时发生的两件事,让卡洛斯彻底和我妈妈闹崩了。"

根据玛丽亚的讲述,在女儿卡拉1岁多的时候,发过一次高烧。尽管儿科医生说这是常见现象,几乎所有婴儿都会经历高烧,卡洛斯也说不用过分担心,但玛丽亚还是惊慌得不行。第二天,卡洛斯去上班,玛丽亚的母亲听说了前一天发生的事,马上开车带着她们换了一家医院去看急诊,一路上不仅大骂前一天遇到的医生不负责任,还大骂卡洛斯竟然和医生站在一起。等到玛丽亚带着女儿回家时,已经是傍晚时分,卡洛斯正在家里焦急地来回踱步。他一整天都在给玛丽亚打电话,可一直联系不上她。玛丽亚语气冷淡地回应道:"就算打给你,你知道该做些什么吗?"卡洛斯难以置信地盯着她,接下来的几个星期,他们陷入冷战,过了很长时间才重新说话。

卡拉5岁那年,到了该上学的年纪,卡洛斯和玛丽亚原本已经选定了附近的一所小学,但是玛丽亚的母亲却认为私立小学更好。在她不断地游说下,玛丽亚又动摇了,背着卡洛斯带孩子去私立小学进行了面试。然而就在面试的当天晚上,卡拉兴致勃勃向爸爸讲述了白天遇到一位和蔼的面试官的经历,卡洛斯知道真相后勃然大怒。也就是从那一天开始,他们的争吵和指责越来越频繁,直到有一天,卡洛斯说自己受够了,然后愤然搬了出去。

她真的只是想帮忙

讲到这里,玛丽亚的眼圈有些泛红,她端起咖啡喝了一大口,因为喝得太快,被呛得咳嗽了两声。

"看起来,卡洛斯和你母亲已经水火不容了,是吗?"

玛丽亚再次将手指插进头发里:"是的,卡洛斯说我从来没有真正爱过他,而且,他认为我俩之间大部分矛盾的始作俑者都是我妈妈,但我不这么觉得。她真的只是想帮忙,从小到大她都在保护我,比任何人都更关心我。她的爱有时也确实沉重,可我不能生她的气,我欠她的太多了。"

玛丽亚的回答,让人有一种熟悉感。在老加的心理咨询室,曾不止一次听到有人说过类似的话。他们都已成年,虽然不同年龄,不同职业,不同性别,但是对自己的父母却都有着强烈的负罪感。这种负罪感,是用过分浓烈的爱浇灌出来的,子女想要偿还父母的爱,或者满足父母的期待,往往不惜拉上自己的伴侣。于是,矛盾产生了。

此刻的玛丽亚陷入莫大的纠结,她厌烦母亲的不断施压,但又不想让对方失望;她想要和卡洛斯修复关系,但又无法说服他接受母亲的过度参与。倘若让她现在必须做出选择,她一定会更加痛苦。

"我想和卡洛斯聊聊,你愿意帮忙联系他吗?"老加问道。

爱得太多的父母

玛丽亚立刻不住地点头:"求之不得。"显然,她希望老加能以专业的手段去帮她修复这段婚姻。

玛丽亚丈夫的困惑

卡洛斯看起来是位文质彬彬的年轻人,穿得整洁利落,语气和眼神都很温和,从外形而言,和玛丽亚确实匹配。

"你也许对我的邀请有些疑惑,但我想,你应该有很多话想说。"老加对卡洛斯说道。

卡洛斯一愣,神情有些触动,他将头转向窗外,似乎在搜索一些重要的信息。"我第一次见到玛丽亚的时候,就是这样的一个秋天。"他开口道。

那时候,卡洛斯在社区大学就读,日子过得平淡无奇。玛丽亚的出现,好像生命里骤然照进了一道光,他一下子就被对方的青春美丽吸引了。很快,两个人就走到了一起,玛丽亚会对他讲很多自己的经历,比如高中时每当朋友去她家做客,她都会抢着去帮他们拿可乐或其他食物,因为她不想别人看到母亲那些贴满厨房的奖状和照片;再如之前她如何大胆违抗母亲的意志,拒绝去巴塞罗那大学。卡洛斯听得饶有兴趣,并且觉得玛丽亚十分勇敢。其实从那时起,卡洛斯就隐隐感觉到了玛丽亚的母亲是个强势的人,但真正见识到对方的手段,还是在筹备婚礼的时候。

原本,玛丽亚和卡洛斯一拍即合,都很想要一个简单的婚礼,但是当他们高兴地将婚礼计划告知玛丽亚的母亲时,却遭遇了意想不到的驳斥。"上帝呀，这太荒谬了，我怎么可能允许我女儿的婚礼办成这样。"在反对声中，玛丽亚的立场立刻摇摆起来，很快，她就默许了自己的母亲去筹备那场盛大的婚礼。婚礼当天，宾朋云集，当看着玛丽亚身穿婚纱向自己走来时，卡洛斯确实十分感动，但是玛丽亚的母亲那冗长的婚礼致辞，又把卡洛斯拉回了现实，他觉得自己和玛丽亚就像两个精美的提线木偶。

婚礼成了心结，但如果仅仅于此，一家人倒也能相安无事。结婚后，卡洛斯和玛丽亚进入了真实婚姻所必需的磨合期，让卡洛斯难以接受的是，每次两个人吵架，玛丽亚都会迅速躲到她母亲家里，仿佛那里才是她真正的家。而每一次，哪怕是玛丽亚主动挑衅造成的矛盾，她只要去她母亲家转一圈，回来后都会变得态度强硬，觉得自己所做的一切理所应当。

卡洛斯不喜欢总是这样争吵，他也知道玛丽亚的母亲不满意自己，于是他试着在玛丽亚的母亲面前演戏。然而，玛丽亚的母亲就像一位严格的教导主任，时刻想要抓住他表现中的纰漏。彼此的不信任，导致他们的关系时刻紧绷，稍有矛盾就会爆发。

"从自作主张为卡拉的出生准备东西，到不打招呼带卡拉去看病，一直到后来面试私立小学的事，我真是忍无可忍了。她妈妈不仅控制了我的妻子，还想继续控制我的女儿。"卡洛斯不住地摇着头，双手紧紧交握在一起，指关节有些发白，可以看出他在用力压抑着自己的情绪。

"但要说最让我难过的,还是玛丽亚的态度,她不仅像个被父母惯坏的孩子,而且对我毫不关心。"卡洛斯的表情满是落寞,"玛丽亚怀孕8个月的时候,我突然被公司解雇了。那一阵,我非常沮丧,我怕会影响玛丽亚和孩子以后的生活,也怕玛丽亚为我担忧。有一天早上,我实在觉得无法承受这样的压力了,便想和玛丽亚聊聊,只是简单地聊聊,只要她愿意听我说说话就好。刚一开口,我就忍不住流泪了,但我万万没想到,玛丽亚一脸怒气地看着我,说我被解雇全是我自己的原因,并且让我不要再和她提这件事,会让她心烦。我从来没有感到那么羞辱、那么愤怒过,但她是个孕妇,我不能和她争吵,只能自己冲出了家门,在街上漫无目的地走了一整天。"

显然,这一次冲突让卡洛斯至今难以释怀,他说以前自己每次向玛丽亚讲述工作中的事情,无论是有趣的还是烦恼的,玛丽亚都很不耐烦。只是他没想到,在他最脆弱的时候,玛丽亚依然如此,不仅连单纯的倾听都不愿意给予,甚至表现出了责备与厌烦。

"你向玛丽亚提出了离婚,你是真的想和她分开吗?"老加问。

卡洛斯的嘴角抽动了两下:"我对她并非没有感情了,但我不想总活在和她妈妈的较量里,我试过放下自己的想法去取悦她们,但她们似乎永远无法对我满意。"

最后,卡洛斯表示,他愿意先过一段分居的日子,然后再考虑是否一定要和玛丽亚离婚。只是,他似乎并不期待能出现什么让人欣喜的转机。

听听玛丽亚的母亲怎么说

第二天一早,老加见到了玛丽亚的母亲。那是一位中气十足的老妇人,刚一走进事务所的大门,就大声询问:"哪位是冈萨雷斯先生?我女儿说他很想见我。"老加开门将她让进办公室,但她并没有马上落座,而是站在屋子里,打量着里面的所有陈设,同时也打量着老加。她衣着华丽,双目炯炯有神,虽然头发有些花白,但梳理得一丝不苟,毫无老态龙钟之相。

"你可以叫我马加丽塔。"坐下后,她开口说道,"昨天玛丽亚对我说,她来你这里做过咨询,而你提出想要见我。虽然我不知道你想问什么,但既然是对玛丽亚有好处的事情,我倒是愿意过来一趟。"

老加点了点头,提出想知道她对玛丽亚和卡洛斯的事情作何看法。听到卡洛斯的名字,马加丽塔的眼神顿时露出了憎恶:"能有什么看法呢,老实说,我觉得卡洛斯根本配不上我的女儿,这世界上没几个人配得上她。"

马加丽塔告诉老加,她一共生了四个孩子,玛丽亚是最小的女儿,也是她最疼爱的孩子。在她心中,玛丽亚乖巧可爱,是世界上最优秀的人,从玛丽亚小时候开始,她就无比关注玛丽亚,每天事无巨细地给予照顾,并且会把玛丽亚的照片、成绩单和论文贴在厨房墙上,视为自己的骄傲。玛丽亚也一直很听话,直到需要申请大学的那一年。

"她那时候还小,根本不懂什么是对她最好的,我是她的母亲,应该帮她做出最有利的决定。"说到当初替玛丽亚申请大学的事情,她是这样表示的。与玛丽亚游移纠结的神情相比,马加丽塔总是目光坚定,说话时,她的双手还会随着话题或语气而有力地挥动,似乎有着掌控一切的力量。

"看,她一意孤行的结果是什么,事实证明,她离不开我,玛丽亚自己也很清楚这一点。"马加丽塔看向我,微微点着头,似乎在等待我赞同她的话。

"您是怎么看待卡洛斯的?"我问道。

"噢,卡洛斯,那真是个不识好歹的家伙。"提到这位女婿,老妇人开启了连珠炮似的吐槽,"你知道吗,他当初想用个寒酸的婚礼就打发了玛丽亚,多亏我及时制止了,而且,他对我们的付出毫不领情。他们结婚后,每次吵架,玛丽亚都会回来告诉我,我每次都对玛丽亚说,她没有一点儿错,是卡洛斯不够格做个好丈夫,一个丈夫不能让妻子开心,那就是无能的表现。但即使卡洛斯这么不懂事,为了女儿,我也没跟他计较,反而是当玛丽亚怀了我的宝贝外孙女时,我还亲自上门送了一大堆的礼物,谁知道,那个卡洛斯连句谢谢都没说。"马加丽塔越说越生气。老加不禁想,如果此刻卡洛斯在场,她肯定会忍不住泼他一脸咖啡。

"外孙女卡拉出生后,经常一哭起来就是好几个小时,玛丽亚急得没办法,总是给我打电话,每次我都二话不说就赶过去。玛丽亚自己还是个孩子呢,我怎么可能任由她独自照顾孩子。说起来，还是卡洛斯那个家伙无能。"说起自己对玛丽亚和外孙女的照顾，她的表情一脸骄傲，只有在提到卡洛斯的时候，才会微微皱起眉头。

"听玛丽亚说，你最近总是给卡洛斯打电话？"我问。

"当然，"她的腰挺得更直了些，"我告诉他要对家庭负责。有些话玛丽亚说不出口，那我就必须替她出面。"马加丽塔显得斗志昂扬，像个随时要上战场的战士。

"但是，玛丽亚似乎想自己处理和卡洛斯的事。"

"那怎么可能，"马加丽塔立刻打断了我的话，表情也变得严肃了起来，"从小到大，我和她都是一起面对问题的。上高中的时候，她只要对我抱怨老师太严厉，我就会出面去学校帮她调换课程，作业太难时，我还会坐在厨房的桌子旁和她一起做作业，如果不是我这样一直支持她，她的成绩怎么可能申请到巴塞罗那大学。现在情况也是一样，我是她的妈妈，就应该做她的后盾，难道不是吗？"

她最后的语气带了些责备，不知道是在责备玛丽亚竟然想摆脱她独立处理婚姻大事，还是在责备老加竟然转述了如此大逆不道的话。老加对我说，在和这位瘦弱的老妇人的对话中，他能清晰感觉到一种压力，而这种压力必然以更强大的方式贯穿了玛丽亚的人生。他的脑子里突然蹦出了很多猜想，那些之前在与玛丽亚交谈时隐约的、模糊的感觉，如今有了更加清晰的轮廓。玛丽亚拒绝去巴塞罗那大学读书，是否因为她高中的所谓好成绩里，有太多母亲参与的成分，让她没有信心独自应付名牌大学的严苛?她婚后一次次主动向母亲汇报她与卡洛斯的矛盾,是否因为她依赖母亲给予的无条件支持,这种"责任不在自己"的感觉让她难以戒除?看起来,玛丽亚是没有选择的。她常常说:"我有什么办法?"语气中满是无奈。可实际上,她并非真的无力改变,只是从未相信,自己也能拥有那样的力量。

案例分析

爱得过多的父母,容易教育出无法处理好亲密关系的子女

玛丽亚幼年的经历很典型,她成长在一个父母过度关心孩子的家庭中。对于玛丽亚的母亲来说,没有什么比她孩子的事更能牵动她心弦的了。她试图引领玛丽亚渡过每次难关,害怕一旦玛丽亚失去她的帮助和建议,就会不知所措。当玛丽亚的母亲介入女儿的生活时,她的本意是出于母爱和想要关心孩子。然而,玛丽亚的母亲"过度养育"了玛丽亚,她给的关爱过多了。

过分爱孩子的父母,很容易教育出无法处理好亲密关系的子女,尤其是婚姻关系。玛丽亚虽然已成年,并成立了自己的家庭,但在精神上并未真的成长。在母亲过度的爱之下,她自然地将自己设置成了一个需要照顾的小孩子。步入婚姻后,她

希望卡洛斯也能按照母亲的标准那般照顾自己,做一名供养者,一个能照顾她而不求回报的人。因此,当卡洛斯偶尔想要从她这里汲取温暖的时候,她不仅会觉得不可思议,而且勃然大怒,认为对方提出的是无理要求。

在任何关系中,一个自身并不具备能量的人,是永远无法给别人供给能量的,玛丽亚对卡洛斯的伤害就源于此。然而,玛丽亚能自发地意识到这一点,并且转变对卡洛斯的态度吗?答案并不在玛丽亚身上,而是在她的母亲那里。

玛丽亚的母亲将时间、关注和物质慷慨馈赠给玛丽亚,却很少考虑女儿真正的需求和愿望。她试图控制玛丽亚的生活,否定女儿的意愿,鼓励她依赖自己。她对玛丽亚的评价如此之高,以至于当别人不能像母亲那样爱玛丽亚时,玛丽亚的生活只剩下一连串的失望。

父母的爱是奠定孩子自尊心的基础。理论上,从父母那里得到的爱越多,我们的自我价值感就越强,这听起来似乎合情合理。

但对玛丽亚来说,情况却恰恰相反。

她的母亲在玛丽亚很小的时候就焦虑地介入、指引、安排着她的生活,几乎无微不至。然而,这样的"爱"并没有真正帮助玛丽亚建立起稳定的自尊心。相反,她的自我价值感逐渐与母亲的评价深深绑定在一起——只有在取悦母亲、获得认可时,她才感觉到安全。

随着母亲的控制越来越多,玛丽亚却变得越来越消极,越来越不敢为自己做决定。更深一层的影响是，这段关系没有教会她如何为他人提供情感支持，如何承担责任，如何经营一段成熟的婚姻。

于是，当玛丽亚遇见卡洛斯时，她对"爱"与"被爱"的理解，几乎都是从与母亲的相处中东拼西凑而来的一些零碎经验。当卡洛斯在她面前流泪时，玛丽亚感到强烈的焦虑，不愿意回应她的伴侣。这种情感上的缺失在她的关系中显而易见。玛丽亚期望卡洛斯成为一个无条件付出、照顾她的人，而她自己并未为这段关系投入同样的情感和责任。尽管她嫁给了卡洛斯，还拥有了一个孩子，但她从未真正与丈夫建立过深层的亲密联系。因为她对母亲的依赖已将她的情感世界围得水泄不通，几乎没有空间容纳另一段成熟的关系。

爱得太多的父母，培养依赖性强且容易被操控的孩子

老米说，在他的职业生涯中，他曾经见到过很多个玛丽亚、很多个马加丽塔，还有很多个卡洛斯。他曾不止一次看到被父母过度养育大的孩子，那些父母可能富有，可能贫穷，可能单身、已婚或丧偶，可能每周工作64个小时，也可能一天到晚都在家里。而被他们给予太多爱的孩子，有的是排行老大，有的是老幺，可能是某方面有特殊才能的孩子，但也可能是各项能力都很差的"问题"儿童。父母对孩子过度的爱与财富无关，也与父母陪在孩子身边的时间无关，而是取决于父母对孩子担忧的程度。过度养育并不一定意味着溺爱孩子，尽管溺爱可能是后果之一，它是一种强烈的情感上的过度介入，伴随着想要控制孩子的意愿，助长出一种强大又痛苦的相互依赖。

这种依赖是如此密不透风，以至于外人很难介入其中。然而，这"外人"一旦是以子女的伴侣身份出现时，父母长年来过度的爱就会让这场婚姻亮起红灯，并给家庭中的所有人带来无尽无休的烦恼。当然，并不是所有孩子都像玛丽亚那样心甘情愿地服从于父母的控制，很多孩子都会反抗。但是，无论他们反抗还是屈服，每个孩子都为父母的过度养育付出了沉重的代价。

当父母把孩子当作自己人生的延续，试图将其塑造成自己理想中的样子时；当他们频繁介入孩子的日常，努力在各种场合为孩子出头时；当他们给予的关注远远超过孩子真正的需要时，孩子从中究竟学会了什么？

他们通常学会的是：顺从指令，而非信任自己的直觉；学会讨好与试探，却难以清晰而坦率地表达内心；在人际交往中扮演"乖孩子"的角色，却在真正亲密的关系里变得胆怯、退缩、不敢敞开自己。而这一切的深层原因，往往正是那份从幼年时期便持续灌注的、超出孩子消化能力的爱——一种包裹着好意，却不懂分寸的过度关注。

过度关爱孩子的父母 & 真正爱孩子的父母

什么是过度关爱？

老加和老米认为，过度关爱并不是真正的爱，而是一种夹杂着焦虑、控制和未竟期待的"投射性付出"。它看似全力以赴，却常常剥夺了孩子成长的空间。

他们总结了过度关爱孩子的父母与真正爱孩子的父母之间的七大区别：

- 动机不同：真正爱孩子的父母，会给予孩子充足的时间、关注与情感支持，满足他们当下真实的需要；而过度关爱孩子的父母，往往将孩子视为自我延伸，通过孩子的成就来完成自己未竟的梦想。
- 对自身定位不同：真正爱孩子的父母知道自己也会犯错，因此会努力做得更好但不苛求完美；而过度关爱孩子的父母则执着于"好父母"身份，通过过度养育与保护来缓解内在焦虑，弥补童年的遗憾。
- 对孩子成长的态度不同：真正爱孩子的父母鼓励孩子独立，设定合理边界，让孩子在安全中发展自主性；而过度关爱孩子的父母则限制孩子的独立性，试图控制其思想和行为，希望孩子活成自己理想中的模样。
- 对孩子个性的接纳度不同：真正的爱是接纳，包括缺点和局限；而过度的爱，则以评判取代理解，当孩子不符合预期时，便表现出失望或失控，常常由自己代替孩子做决定。
- 沟通方式不同：真正的爱以平等、坦诚的沟通建立信任；而过度的爱则倾向于暗示、拐弯抹角，掺杂操控意图，反而制造了距离与不安。
- 关注焦点不同：真正的爱专注于孩子的内在感受与真实需求；而过度的爱，常常是为了填补自己的空缺，孩子的愿望被忽略，孩子的情绪被误解。
- 衡量标准不同：真正的爱关注孩子内在的成长、品格和力量；而过度的爱，执着于外在的成就和他人的评价，焦虑地将孩子与别人比较。

玛丽亚的母亲正体现了许多"过度关爱"的典型特征：她不遗余力地为女儿提供物质与情感上的照顾，却很少倾听玛丽亚的真实声音。她的人生似乎早已绑定在女儿的轨迹上，用爱之名控制着玛丽亚的选择，压制她的意愿，甚至无形中强化了女儿对她的依赖。玛丽亚在亲密关系中的挣扎，正是这种"爱得太多"带来的后果。

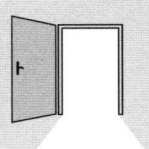

第三章

为了夺爱而付出的父母&
找不到自我的孩子

案例3 被"爱"所困扰的安德烈

安德烈是主动造访老加心理咨询室的男性来访者之一。

他是一位有着棕红色头发的中年男士,衣着考究、谈吐从容还不失幽默。与其他前来求助的人们相比,他更像是专程来找我倾诉自己的故事。

父母分开了,却对我们更好了

"我父母刚刚离婚那会儿,互相充满敌意,他们恨不得将对方死死摁进坟墓,并且在上面钉上钢板。"安德烈开始讲述,"妈妈发誓,如果爸爸离开她,那他就再也见不到我和妹妹了。爸爸则威胁说,如果有必要,他会申请法庭命令,并带着警察一起来。没人能阻止他探望他的孩子们。"

在彼此拉扯了很久后,事情最终尘埃落定,安德烈和妹妹罗萨每隔一个周末就能见到父亲。

"有趣的事情开始发生了。我记得父母离婚前，我们从没有过什么衣服或玩具，我家肯定不穷，但父母也没溺爱过我们。我们一家人除了快餐店，绝对没去高级餐馆吃过饭。但爸爸搬走后，这一切都变了。每次我们和他见面，他都带我们去昂贵的餐厅吃饭。你能想象吗？一个5岁的孩子和一个7岁的孩子在城里最好的餐馆吃饭。他真是浪费钱。我们总点汉堡包，因为那是菜单里小孩子们唯一能吃的食物。每次见面，爸爸都会为我们准备礼物。不是质量低劣的小玩具，而是诸如儿童电动车和儿童钢琴之类的大件。"安德烈说着笑了起来，时隔多年，他似乎依然觉得自己父亲的做法不可思议。

"听起来确实很豪爽，不过，你的母亲对此应该不太高兴吧。"老加猜测道。

安德烈点点头："没错。每次我们把礼物带回家，妈妈都会大发雷霆。虽然她大骂爸爸是想用这些手段收买两个孩子，但她却开始做了和爸爸同样的事。怎么说呢，就像是展开了一场军备大赛。比如，要是爸爸圣诞节带我们去度假，妈妈就会开始策划在春天时带我们去更长、更好的旅行；如果爸爸带我们去看马戏团表演，妈妈就会带我们去参观冰上节目。不仅这样，他俩还给我们钱。妹妹罗萨和我从没开口要过什么，我们莫名其妙就得到了一切。"说到这里，安德烈又笑了，"很多人或许会觉得这很棒，虽然父母离婚了，但我们不仅没有被父母抛弃，反而对我们比以前更好了。"

我需要尊重，而他扔给我一件新夹克

"那你是什么时候觉得事情开始不对劲了？"

"起初，我猜测父母给我们买的所有东西，都是为了弥补他们婚姻的破裂，但事实并非如此。我生日那天，拆开了一堆超赞的礼物，不禁开始想，天哪，这真是太棒了。然后我转过身，看到妈妈盯着我，她的眼神里有一种我无法形容的东西，不是爱，也不是期待。我想真心说声'谢谢'，但嘴里却苦涩不堪。后来，妈妈再婚时，这让我很受打击，我和许多父母离婚的孩子一样，都曾经暗中祈祷他们能够复合，但那一刻我知道愿望破灭了。"

"但很明显，他们的争夺战不会因为你母亲再婚而停止。"老加说。

安德烈叹气道："的确如此。说起来很讽刺，我父母曾经先后给我讲过 1 欧元的价值，他们告诫我不应该把拥有的一切视为理所当然。我爸爸说他从 12 岁起就不得不为了生存而工作。尽管他们说了这么多，但之后还是会继续拿钱砸我。"

"他们都很怕你会更爱对方。"

"是这样没错，但我作为一个小孩子，又能怎么办呢？我很为难，不仅是因为我知道那些礼物背后的用意，而我不想做这样的选择题，还因为他们的行为让我显得和同龄人格格不入。我们家附近的大多数孩子，为了多要五块钱去看场电影都要和父母争论一番，尽管我打赌朋友们对我家的事儿心知肚

明，但我也从没跟他们提起过。我每年暑假都去打工，不是因为我需要一份工作，只是为了和同伴们一样。"

安德烈说，随着他逐渐长大，与父母的争吵也越来越频繁。"很难说我们是为什么而争吵，但我很清楚地知道，我们没法再和睦相处了，他们做的每件事都能激怒我。一天晚上，我和爸爸因为一件蠢事大吵了一架之后，你猜他做了什么？"

"给了你一笔钱，或者是给了你份礼物？"

"没错！他忽然不说话，然后转身回屋，拿了一件新的皮夹克走到了我的面前。"

"我猜你一定很生气。"

"我气坏了，我冲他大喊：'你就是这么解决每件事的！'然后我就摔门而出。我需要的只是尊重，不是这些物质上的好处，但他们似乎还把我当孩子，以为送件礼物我就能高兴起来，把一切都忘了。"安德烈苦笑道。

"那你父亲什么反应？"

"他骂我是不懂得感恩的小屁孩。他开始不理我，但我无所谓，我已经不会被这种情绪威胁了。"

得到了一切，却失去了自我

"我想，你来到我这里，肯定不是为了让我说服你的父母吧。"

"他们是不可能改变的，我其实很担心我的妹妹。从小时候开始，罗萨对父母的做法就很无所谓，她不理解我为什么抗拒那些礼物，在她看来，有这样的父母是件乐事，她甚至会主动向父母提要求。我记得有一次爸爸给罗萨买了辆车作为她16岁生日的礼物，为此父母大吵了一架。'她太小了，还不能买车！'妈妈对爸爸吼道，'你根本不在乎她会不会发生意外。买车对你来说很简单，因为事实上你没有抚养孩子的责任。'"

"这听起来确实是个很严重的指责。"

"是的，这句话着实伤到了爸爸，我替他感到难过。但事实是，妈妈也没什么资格指责爸爸，因为她早已经策划了好几个月，想给罗萨买一辆车，作为她16岁的生日礼物。只是爸爸抢先了一步，她感觉被比了下去。"

"能说说你妹妹现在的情况吗？"

安德烈无奈地摇了摇头："她现在很喜欢抱怨，对什么都不满意。她从来没工作过，与男朋友交往的时间也从未超过一个月。她不在乎任何人，除了她自己，但她却能巧妙地摆布父母，让他们包办她的所有事情。如果她不能从妈妈那里得到想要的东西，扭头就去找爸爸。但父母似乎都没注意到她变成了这样的一个女孩，我怀疑他们就算注意到了，也不会真的在乎。我不知道我自己做得对不对，但我觉得妹妹这样肯定是不正常的，她把索取当作理所当然，当作生活的乐趣。她都不知道自己真正想要什么，忘记了自己是谁。"

案例分析

父母的付出，不是为了孩子，而是为了满足自己

老米曾说："父母争夺孩子的爱，其实争夺的不是孩子，而是自己在这段关系中的位置。"这种"爱过头"的父母，常常打着"为孩子好"的旗号，满足的却是自己内心的空缺和需求。

与玛丽亚的母亲那种以情感控制为主的过度关爱不同，安德烈和罗萨的父母更鲜明地体现了另一种常见模式：通过物质来讨好孩子，以换取对自己的认同与忠诚。

表面上看，他们在离婚后仍努力满足孩子的需求，让孩子过得不缺什么。但如果拨开层层"关爱"的外壳就会发现，这些付出往往带着精密的算盘和无声的博弈。

他们给的不是孩子真正需要的，而是他们自己想给的；他们满足的不是孩子的情感需求，而是自己内心的焦虑、遗憾和控制欲。

我们都知道，父母离异对孩子来说是一场情感地震，而事实上，对父母而言同样如此。他们的自尊、亲密需求和控制感也会瞬间失衡。当失落、被抛弃感袭来，他们便下意识地想抓住还能掌控的东西。而孩子，便成了最直接的"战场"。

在安德烈的故事中，这一点尤为明显。

他的父亲带他和妹妹去高档餐厅、买昂贵的礼物、送他们去度假——这些看起来像是爱的表达，其实更多的是一种交易。他不是在回应孩子的需求，而是在补偿自己的失落。他害怕失去"父亲"的角色，尤其是在前妻再婚之后，这种恐惧加剧，他担心另一个男人会"抢走"孩子的心，于是只能用金钱去填补那份无力感。

安德烈的母亲也不甘示弱。她察觉到前夫在"出招"，于是用更贵的礼物反击，每次孩子流露出一丝感谢，她便觉得赢了一局。他们不再是父母，而是彼此的对手，孩子成了"筹码"。

只是，他们忘了，这场战役的真正代价是谁在承担。

安德烈清楚地感受到，自己收到的一切都带着沉重的情绪。他知道，那些晚餐和礼物背后，是父母互相伤害的工具。他不是被爱包围，而是被无声的压力撕扯。他越发沉默，有时表现出冷漠抵抗，有时又带着尖锐的愤怒回击父母——因为他承受的痛苦，无法用言语说清，只能用行动报复。

而罗萨则走向了另一条路。她欣然接受父母的所有付出，甚至主动索取更多。

在她看来，"被给予"就是"被爱"，"拥有越多"就代表越幸福。她从小就活在一个"金钱即关爱"的环境中，渐渐内化出一种信念：爱，是能换来东西的；安全感，是可以靠物质建立的。

这套逻辑并不只属于罗萨，也属于无数在物质富养中长大的孩子。

在这样的家庭中，孩子的自我价值往往与"我拥有什么"挂钩：穿名牌的孩子会觉得自己比穿平价衣服的朋友更值得被爱。

"我们爱你，所以给你这些"——久而久之，这句话变成了："能给多少"="爱多少"，"拥有多少"="值多少"。而空虚、孤独和不安，也逐渐被"买玩具""买快乐"的方式所掩盖。

成年之后，这些孩子常常不断追求外在的成就和财物，试图用"拥有"来填补内心的匮乏。可是，真正的空洞，始终填不满。讽刺的是，安德烈和罗萨，一个抗拒接受，一个乐于享用，看起来截然不同，却有一个共同点：都难以对父母心怀感激。因为他们心里明白，那些"给予"背后，并没有真正的尊重与聆听。他们不是被看见，而是被"摆布"；不是被爱，而是被"利用"。

这不是爱得太多，而是爱得太错。

"夺爱"背后的需求

安德烈和罗萨的父母通过物质争宠，将付出变成了无声的博弈。但在更广泛的家庭中，过度付出未必伴随着离婚，也未必表现在金钱上。许多父母把孩子视作情感出口、价值寄托，甚至自我补偿的工具，这才是更深层、也更普遍的"夺爱"真相。

老加和老米将这种过度付出背后的心理动因，归纳为七类：

1. 为了增强自尊心而付出

有些父母内心深处不相信自己值得被爱，常年处于低自我评价中。他们试图通过"做一个完美的父母"来弥补内心的空洞。孩子成了他们证明"我是个好人"的活广告。这份爱，带着焦虑，也带着沉重的期待。

2. 为了补偿童年的贫穷或匮乏

"我不想让我的孩子受苦"，听起来充满爱，但很多时候，背后是对过往困顿生活的抗拒。问题在于，孩子并不需要过度补偿，他们需要的是被理解的生活节奏和自主选择的机会。补偿过头，反而让孩子产生"我不配拥有这一切"的羞愧感，或者失去为自己努力的动力。

3. 为了减轻自己的内疚与创伤

当孩子遭遇困难，父母脑中往往浮现的是自己曾经失败的记忆。那份"这次我能补救"的冲动，并非完全是出于对孩子的关爱，而是源于一种迟来的自我修复。这时的孩子，变成了父母"重走一次人生"的化身。他们的每一次失败，都唤醒了父母的伤口；父母的每一次干预，也在弥补自己的遗憾。

4. 为了填补情感的空洞

在那些夫妻关系冷淡或破裂的家庭中，父母很容易把孩子当作唯一的情感寄托。所有的关注、关爱、依赖，全部灌注给孩子。孩子成了不离不弃的"情感替代者",承载了本不属于他们的重量。这份沉重的"爱",让他们很难自由呼吸。

5. 为了替伴侣的缺席"补位"

有些父母的一方缺席——无论是漠不关心、酗酒成瘾、长期离家,还是情感冷漠——另一方就会试图"双倍付出",以弥补这份缺失。但再多的投入,也无法真正替代一个缺位的父母角色。孩子感受到的不是"完整",而是隐隐的失衡和说不清的歉疚感。

6. 为了赎回自己长期缺席的内疚感

职场父母常常掉入一个心理陷阱:用"物质慷慨"或"无底线满足"来弥补时间的缺席。他们会告诉自己:"我不在家,但我尽力了。"孩子得到的,可能是一座玩具山,但心里却没有人坐在那儿。

7. 为了避免孩子情绪失控

有的父母对孩子的愤怒、哭泣和反抗极度恐惧。每当风暴来临,他们立刻用"给予"来平息局势:买礼物、让步、答应不合理的要求。久而久之,孩子学会了用情绪要挟,父母则一步步滑入"讨好—回报—被操控"的死循环。

总之,当孩子渐渐察觉这些付出背后的真实动机时,内心往往会陷入一种复杂而说不清的失衡感。他们感到疲惫，因为这份爱不是无条件的；他们感到内疚，因为自己似乎无法回应父母的期待；他们感到迷失，因为自己的人生早已被父母悄悄写好剧本。有些孩子会像安德烈那样，用抗拒来划清界限；有些孩子则像罗萨那样，在不断的索取中麻痹感受，最终失去了真正的自我。

老米说："孩子不是父母用来证明自己、治愈过去的工具。他们不是来帮你完成未竟人生的，而是来活出他们自己的。"

"付出"和"控制"之间的模糊界限

在亲子关系中，"付出"往往是一切的起点。但正如老米所说："**付出是一枚双面硬币，翻过来，可能就是控制。**"

这并非父母的恶意，而是一种常被忽视的惯性：我们在爱孩子的同时，也在不自觉地塑造、引导，甚至干预他们的路。父母出于爱与责任，全心全意为孩子投入时间、精力、资源，想要他们过得更好、更成功、更符合社会对"优秀"的定义。但这种"好意"，常常带着方向——是向父母预设的方向靠拢。于是，父母的付出成了一种无形的"期待"，而这种期待，悄悄变成了孩子肩上的责任。

例如，父母提供优质教育，表面上是为了孩子能更优秀，实际上也许还藏着一个愿望：希望孩子走上一条"稳妥且光鲜"的人生路线。如果孩子的选择偏离轨道，比如从金融行业转向艺术创作，父母可能会感到失望、不安，甚至愤怒。这时,"我为你付出了这么多"这句话便有了另一层含义——不是祝福,而是约束。这就是"付出"与"控制"之间的界限:当付出附带条件,它就不再是自由的给予,而成了爱的交换。

正如老米在我们一次访谈中所说,"控制往往披着关爱的外衣",而这种控制式付出往往会带来负面影响。

一种是孩子在受到父母的过度指导和帮助时,可能逐渐依赖父母,缺乏自我独立的能力。

这种依赖的关系,看似是父母无私的付出,但在某种程度上,它却剥夺了孩子自主成长的空间和机会。父母往往认为,他们的帮助是孩子成长的必需品,但事实上,这种过度的帮助却可能让孩子无法发展出解决问题的能力和自我照顾的能力。

例如,在子女遇到挑战时,父母常常不自觉地过多干预,替他们解决问题,而不是鼓励他们自己去探索解决方案。这种方式,虽然可以让孩子暂时免去挫折,但长远来看,却限制了孩子的自主性,甚至形成一种依赖心态。孩子可能最终会觉得,他们需要依赖父母来解决人生中的每个难题,甚至在成年后仍然无法完全照顾自己。

另一种是让孩子产生持久的情感负担感。

许多父母在付出时刻意压抑自己的需求,甚至将牺牲视为美德。但这份"为你好"的深情,有时却暗藏着情感的勒索:"我为你放弃了那么多,你应该懂得感恩。"这不是无条件的爱,而是一种隐形的交易。孩子如果不走"规定路线",就可能面对父母的冷淡、失望,甚至指责。久而久之,孩子的内心会积累一种无形的负担："我不只是我自己，我还承载着父母的梦想与期待。"他们在"我是谁"与"你希望我是谁"之间挣扎，无法轻松获得内在自由。

父母对子女真正的"支持"，是有边界的付出。"付出"不该成为"控制"的掩体。它真正的力量，不在于父母做了多少、牺牲了多少，而在于能否看见孩子是一个独立的生命体，有他自己的节奏与选择。当父母意识到自己行为中的潜在控制欲，愿意放下"我知道什么最好"的执念，给予孩子试错的空间、失败的权利、独立的舞台——那一刻，爱开始真正松手，也真正落地。那不是放弃，而是最深的信任，不是减少了对孩子的爱，而是将爱从依附中升华成力量。

第二部分

无法接受不完美的家庭

在一些家庭中,孩子从小就不断被拿来与他人比较,
父母向他们传递这样一种观念:
只有足够优秀,才值得被爱。
这种"有条件的爱",
不仅在孩子成长过程中留下深刻影响,
甚至会在他们为人父母之后,
不自觉地延续到下一代。

第四章

不允许失败的父母&只能撒谎的孩子

案例4 "完美家庭"里的路易斯

一天,老加接到一通电话,电话那头是一位有些年纪的男士,他说希望老加能去他家一次,进行上门咨询。老加告诉他可以来心理咨询室,而他却坚持一定要让老加去他家详谈。老加从心里是不想破例的,但刚要拒绝,他说出的一句话,却最终让老加决定亲自走这一趟。

"冈萨雷斯先生,或许你可以看看我们地方报上关于我家的新闻,然后你就会知道,我们为什么这么需要你的帮助。"

老加找到了那份报纸,然后看到了那篇新闻:《模范生家长状告学区一案,原告宣布撤诉》。

老加想,这一定会是一场精彩之旅。

被质疑的模范生

老加承认,虽然他造访过很多风格各异的华丽豪宅,但在踏进路易斯家的那一刻,他依然有些惊讶。

并不是说这里有着什么石破天惊的特殊布置,而是整个屋子里都弥漫着一种特别的气氛。那是一种隐藏在整洁与华丽下的紧张感,每一样东西都像是刚刚掀开盖布的展品一样,过分地规整并一尘不染,连餐桌上每把叉子的角度都严格一致。老加默默猜想,这家里至少有一位成员有着严重的清洁型强迫症。

老加很快见到了路易斯的父亲——正是那位拨通他电话的人。

这位父亲听说老加正在进行家庭教育调研项目,便满脸期待地说:"或许,您能帮我们做点什么。"

他的语气里带着一丝疲惫,一丝焦虑,还有一丝无力的恳求。

"我的儿子……在学校遭遇了一些事。我们尝试了能想到的所有办法,可他始终走不出来。我们真的不知道,还能怎么帮他了。"

他顿了顿,眼神飘向远方,"那是发生在路易斯高三那年的事了,说起那些不负责任的老师,我就忍不住气愤。"

路易斯的父亲告诉老加,高中三年级那一年,路易斯的成绩一如既往的优秀,当然,因为课业实在紧张,他在考试中也会有发挥失常的时候,但路易斯一直努力克服着这些问题,甚至愿意为此去看心理医生。然而，就在父母不断鼓励路易斯的时候，英文老师布置的一次作业彻底毁掉了路易斯。

那一次，英文老师将一份学期论文交还给了路易斯，并在本该标注成绩的抬头位置用红色大字写着"来找我"。路易斯去找了老师，老师直接告诉路易斯："这篇论文不是你写的。"无论路易斯怎么争辩，老师都坚持这一点。

路易斯当天回家后，就显得异常沮丧，夫妻俩觉得很不对劲，还是路易斯的妈妈在书包里翻出了那篇论文，路易斯才说出了白天的遭遇。路易斯的父母气坏了，他们不能忍受孩子被人这样无端诬陷，于是第二天一早，他们就来到学校，见到了老师。

"她给我们看了一沓路易斯在课堂上写的论文，说那些都写得非常糟糕，这样的水平，根本不可能写出那样的学期论文。可在我看来，这能证明什么呢？路易斯之前曾经写出过那么多篇优秀的论文，从高一到高三，他得了无数 A，可以说是全街区最优秀的孩子，然而，这个愚蠢的老师竟然想轻易就否认他。"

如果孩子有错，那一定是别人造成的

"那你有没有问过路易斯本人，为什么课堂上的论文会和学期论文差距太大？"我问。

"我问过路易斯，他发誓那篇学期论文就是自己写的，而且他说，自己之所以在课堂上表现得不好，是因为老师太严厉

了,他很紧张。但是,当我把这些话告诉老师的时候,老师依然坚持自己的看法,她竟然一点儿都没有反思自己在教学上有多糟糕,才会让学生无法发挥出正常的水平!我气坏了,几乎是狂吼着和她大吵了一架。她哭了,但我觉得该哭的是我,她伤害了我的孩子,她竟然还好意思哭。"

"很显然,您对她的态度很不满意。"

"当然。我又去见了校长,我要求老师必须向路易斯道歉,并且对路易斯的学期论文给出正确的成绩。然而校长看了那几篇论文后,并没有给予老师任何惩罚,而是希望我能冷静下来,去好好和孩子谈一谈。虽然他没直说,但我能听出来,他也不相信学期论文是路易斯自己写的。他这是在包庇一名不合格的老师,我真是不该对校长做什么指望。"

"然后,您就对学校发起了诉讼?"

"发起诉讼前,我先去找了督学。督学也不能给出我想要的解决方案,并且告诉我,与其纠结这件事,不如让路易斯自己重新写一篇,因为如果老师不让步的话,路易斯整个学期的成绩都会受到影响。但是,我怎么可能向伤害我儿子的人妥协,所以,我聘请了一名律师,将案子提交到了学校董事会。"

"但是后来,您选择了撤诉?"

路易斯的父亲无奈地点了点头:"是的,如果按照我的意思,我即使把这场官司打到最高法院,也一定要为路易斯讨回公道,之前在接受媒体采访的时候,我也一直是这么表示的。但是,有亲戚劝说我不要太执着于这件事,这样会让路易斯的日子不好过。我静下心来想了想，虽然路易斯后来从高中毕业，进入了一所大学，但是这一年多的时间里，他似乎确实受到了这场官司的影响。他总是显得很紧张，也不太喜欢和我们说话，甚至有些躲着我们。我不知道他是在埋怨我没能为他赢来该有的道歉，还是被这件事打击了自信心，不再相信自己的能力。"

"您撤诉后，路易斯的情况有改观吗？"老加问道。

路易斯的父亲的身体往前倾了倾，神情中透露出一些不安："就是这件事情让我非常焦虑，虽然我为了路易斯撤了诉，但是他并没有什么变化。所以，我才希望你能上门来和他谈谈，我不想带他去你那里，我怕太郑重其事的话，他会感到不自在。"

"我很乐意去和路易斯谈谈，但有些话我必须说在前面，我不认为一场谈话就能让路易斯恢复如初。如果您对我抱有太大希望，恐怕难以如愿。"

路易斯的父亲略带失望地叹了口气："好的，无论结果如何，我希望您可以让路易斯好受一些。"

老加点了点头，然后在他的带领下，敲响了路易斯房间的门。

如果家是一个样板间

对于老加的到来，路易斯显得很平静，想来是父亲已经事先打过了招呼。让老加有些意外的是，路易斯并非想象中的文弱模样，而是一名身材健硕的年轻人，能看出来他有着良好的运动习惯。

老加正想着应该怎么展开话题，路易斯却先开了口："您来到我家里，有没有觉得这里有什么不同？"他微笑地看着老加，眼神中带着探究，似乎想看清楚对方的真实想法。

直觉告诉老加，这是个关键的时刻，于是，老加决定抛弃那些虚假的恭维，说出自己的真实感受："老实说，这里的环境很让人不安。并不是说有什么危险的东西，而是说，一切都太完美了，不像是一个家，更像是每天被整理擦拭无数遍的样板间。以至于我坐在客厅的沙发上，都有些不敢动弹。"

路易斯笑了起来，显然对老加的答案感到满意："我原本还觉得这会是一场毫无意义的谈话，但是现在，我觉得您还算坦诚。"

"所以，你愿意跟我真诚地聊一聊？"

路易斯想了想，说道："我不确定，但我可以告诉你一个秘密，你看到的这个家的样子，并不是真实的样子。"

老加心里一动，表情郑重地点了点头："愿闻其详。"

路易斯告诉老加，从他记事起，家里就有一些奇怪的规矩。比如，有几个谁也不让坐的沙发，有几副谁都不能摸的窗帘，一半的家具都用厚厚的塑料纸罩着，而且任何人都不能靠近那些摆设，它们的存在只是为了"演戏给别人看"。

"我们每年只在圣诞节当天邀请客人吃晚餐时，才会动用家里的胡桃木大餐桌。也仅有那一次，我们才能用'精致'的瓷器和银餐具吃饭。除那天之外的每一天，我们都挤在闷热的厨房里，轮流用有缺口的盘子吃晚餐，用原本装果酱和果冻的大罐子喝水。"

但即使如此，路易斯的母亲依然认为家里的一切还远远不够干净。"鞋子把泥带进家门，就能让妈妈哭哭啼啼，"路易斯回忆道，"就连爸爸把玻璃杯放在她的茶几上，也会遭到抱怨。橱柜上哪怕有一个拇指印，或浴室瓷砖上有一点儿香皂渍，都能让她抓狂。刚上学时，我去朋友家做客，惊讶极了。他们居然穿着鞋子，在刚吸过灰的地毯和刚打过蜡的地板上走来走去。在我家，你可不能这么做。"

听到这里，老加心中不禁有些同情路易斯。也许有人会问，一个干净、整洁、漂亮的家有何不妥？确实没有。但是经验告诉老加，父母让一切"保持完美"的执念，往往不仅针对擦得锃亮的地板和一尘不染的橱柜。

从打造家庭样板间到打造模范孩子

"除了这些让人头疼的规矩，相信他们在其他方面也都要求颇高吧？"老加试探着问道。

路易斯无奈地点头："父母希望我成为整个街区最受欢迎的孩子。他们认为每个人都应该喜欢我。如果二年级有 30 个孩子举办了生日派对，而我被邀请参加了 29 个，他们就会为唯一没邀请我的那个派对而伤心欲绝。他们想知道我对那个孩子做了什么，让他如此讨厌我。"

光受欢迎还不够，从路易斯上幼儿园的第一天起，父母就清楚地告诉他，优异的学习成绩至关重要。"我的父母从没上过大学，他们小时候经历了经济大萧条，所以没那个机会。直到我上了大学，叔叔才告诉我这个秘密，我妈妈没读完高中就辍学了，16岁就找了一份记账的工作。我想父母是希望他们的孩子能拥有他们从未拥有过的机会。早在我上高中之前，他们就开始和我谈论上大学的事了，这让我压力很大。"

"不过，听你的父亲说，你一直做得很好。"

路易斯一怔，然后意味深长地看了老加一眼："那他或许没有告诉你，我从小就有阅读障碍。"

老加摇摇头，表示确实并未听说。

"也难怪他不说，在他们眼中，这应该就像是地板上的泥印子一样难以忍受。我是在小学时出现了阅读障碍，父母先后为我请了一连串的家教，每天放学都会有一位家教来家里，强迫我坐下来大声朗读一个半小时。妈妈总是坐在旁边听着，直到一位家教指出，她坐在一旁会加剧我的紧张。后来，我的阅读能力虽然提高了，但父母还是继续为我请家教，他们说不想让我今后再在学业上遇到困难。"

"你喜欢这样的模式吗？"

路易斯摇头："说实话，我从来都不喜欢阅读。我在课堂上坐不住，更喜欢打棒球比赛，还有和朋友们出去玩。虽然父母已经把我培养成了一个优秀的运动员，但这对他们来说还不够，他们认为我的学习成绩也应该是班上第一名。"

"你试过直接向他们说出你的想法吗？"

"试过，我的妈妈当场就大哭起来，那样子，和我穿着带泥的鞋子在地板上乱踩时她的反应简直一模一样。我的爸爸也不能容忍我成绩不够优秀，他说没有人会记得平庸者，很多时候哪怕是第二名也毫无意义，一场比赛中人们只会记得冠军。"

面对压力，孩子学会了撒谎

"你的父母希望能借此激励你，但这些话似乎带给你的压力会更大吧？"

路易斯眼神闪动，似乎被老加说中了内心的感受。"是的，我根本不可能取得让他们满意的成绩，所以，我就想了个办法。"他停下来，看了我一眼，似乎在犹豫是否要说出实情。

老加微笑着看着他："让我猜猜，你应该是找了外援，准确说，你父母重金请来的那些家教，就是你成绩背后的真正原因。"

路易斯愣住了，他警惕地看着老加。

老加摊开手，表态道："你尽可以放心，无论你说了什么，在走出这个房间后，我可以像没有听过这些话一样。"

路易斯低头沉默了几秒，然后抬起头告诉老加："是的，冈萨雷斯先生，就是你猜测的那样。不过，即使你对我父母说出实情，我也不在乎了，这些事情压在我心里太久了，或许只有说出来，我才能得救。"

路易斯发现，让家教帮他做作业原来是很容易的事，他只要以父母给自己压力为借口向家教们抱怨，对方就会马上站在他这一边。是呀，在见过路易斯咄咄逼人的父母后，谁还会对"如果这次作业拿不到 A，他们就再也不让我出门了"这样的话有所怀疑呢？

"也许我心里清楚，自己做作业的话肯定要挂科。但如果我父母知道这么好的成绩竟然出自别人之手，肯定得气死。"他这样说道。

到了高中，路易斯的学习成绩非常优异，但他几乎没有为此付出过任何努力。"我跟父母说，考试时我脑子里一片空白，无法集中注意力。希望这能解释为什么没人坐在旁边帮我，我的考试成绩就如此糟糕。真相是，我在高中时从来没有翻开过一本教材。父母带我去看精神科医生，医生尝试帮我克服'考试焦虑症'。爸爸还约谈了学校的辅导员，为我争取到了特殊待遇，我得到了很多额外的帮助。一切都很顺利，直到高三那年，英文老师指出了我的学期论文有问题。"

"那段日子，你一定很煎熬吧。"

路易斯点点头："我坐在办公室里的时候，看着我爸爸把我的英文老师骂哭，我并不觉得庆幸，而是感到十分内疚，无论是对老师，还是对父母。我觉得自己像个傻子，但我也知道，那一刻我无论如何也不能说出真相，不然我的父母会当场崩溃得疯掉。可是之后的每一个深夜，我都会因为内疚而辗转难眠。我没法告诉爸爸到底发生了什么，他一直说他对我很有信心。我的整个人生都在谎言中度过，又怎能开口说出真相？"

"所以你总是躲着他们？"

路易斯想了想，说道："最开始的时候，我躲着他们确实是因为内疚，但后来，我爸爸不顾我的反对，一直继续起诉学校，这让我感到了害怕。他们对待这件事的态度，就像对待家里的那些家具和瓷器一样严苛，歇斯底里到不计后果。你知道吗，在我们这里，这种事情传得很快，没多久记者就轮番上门，而我爸爸则不断接受着采访，我一点儿也不希望自己因为这种事情出名，但我父母好像根本就不在乎我的感受。"

"但好在他最终还是撤诉了。"

"是我的姨妈说服了我父母。我的父母说，他们是为了顾及我，但我总觉得这并非真实的理由。或许连他们自己都不知道是为了什么发起这场官司，又是为了什么而选择放弃。但我有种感觉，这场闹剧和我家里每天上演的事情没什么不同，归根结底，都是表演。他们不一定就那么坚信我的论文是自己完成的，只不过，如果他们承认了我的不完美，那么他们一直想要保持的完美形象就毁了。"

老加有些同情地看着眼前的年轻人："那么你以后，准备怎么继续应对这场表演？虽然官司结束了，但表演是不会停止的。"

"我想大学毕业后，去另一个城市生活，先远离剧场，我才能暂停我的表演。"

"衷心地祝你好运。"老加说道。

案例分析

"我的孩子必须优秀"背后的心理动因

有些父母对孩子的爱非常深,但这种爱往往夹杂着强烈的控制欲和期待。他们最在乎的,往往不是孩子是否快乐,而是孩子能否在别人眼中"争光",为自己赢得"好父母"的评价。

路易斯的父母就是这样。路易斯小时候学习有些吃力,还有轻微的阅读障碍。父母一开始只是想帮他一把,但慢慢地,他们的"帮助"变得越来越极端。为了他和学校打官司,这场官司甚至一直持续到他高中毕业之后。直到那时,路易斯才意识到:在父母心中,维护"完美孩子"的形象,比理解他的感受更重要。

他们为路易斯安排了大量补习、指导、"帮手",不断保护他远离失败和挫折。表面上是为了孩子好,实际上,他们是在为自己塑造一个"成功育儿"的形象。他们希望通过孩子的成绩、人缘、表现来证明自己是称职、优秀的父母。

换句话说,他们更在乎的是"别人怎么看自己",而不是"孩子真正需要什么"。

在这种家庭氛围下,路易斯必须"表现得足够好",才能让父母安心。哪怕他已经表达了自己的反对意见,比如不想把和老师之间的矛盾闹上法庭,而父母依然坚持。他们几乎看不到儿子的感受,而是被"让别人看到我们有多成功"这件事牵着走。

他们把孩子的表现当作自己的"成绩单"。哪怕明知孩子因此感到痛苦,也依然选择坚持,因为对他们来说,最重要的不是孩子的内心,而是自己的面子与成就感。

宁可否认一切,也不愿意接受孩子平凡

路易斯从小就在巨大的压力下成长。每当他遇到困难,父母总是第一时间介入,代替他处理问题。失败对这个家庭而言,是无法容忍的事情,因此他们像消防员一样,冲在第一线,把所有导致失败的火苗都扑灭在萌芽阶段。

虽然他们希望路易斯克服阅读障碍的初衷是好的,但他们的"救火式教育"破坏了儿子的独立性,让他变得越来越依赖父母。久而久之,路易斯习惯了别人替他完成作业,他的学习能力始终没有真正建立起来。但这并没有动摇父母心中那套关于名校和成功职业的梦想——从某种程度上说,路易斯的"平庸",反而被巧妙地掩盖掉了。

青少年对环境的适应能力极强。路易斯很快就察觉到,父母并不希望他独立,相反,他们更希望看到一个"不断成功"的孩子。他也清楚,如果靠自己做作业,极有可能不及格;与其冒着失败和让父母失望的风险,不如干脆"顺水推舟"地让家教代劳,自己则置身事外。这是他应对家庭高压的生存策略。

很多在高压家庭中长大的孩子,都会像路易斯一样,发展出一套"自保机制"。路易斯用"代写作业"的方式，表面上满足了父母"完美孩子"的期待，实则在悄悄夺回控制权。然而，这种"伪成功"背后，是持续的内疚与恐惧。他的自尊也因此受损，因为他心知肚明，这份成绩并不属于自己。

直到那篇学期论文将他推上风口浪尖。他最害怕的事终于成真：被怀疑、被揭穿、被众人质疑。事实上，他的父母很可能早就隐约察觉了真相。但他们仍然坚持为路易斯辩护，甚至不惜提起诉讼，为的就是要"证明"他是被冤枉的。

为什么？

因为一旦承认事实，就意味着承认路易斯并不完美，甚至不是他们理想中的那个孩子；也意味着承认，他们作为父母，或许并不成功。更残酷的是——周围的人可能也会这么看他们。他们无法接受这一点。于是，他们选择否认，就像路易斯选择了撒谎。只有否认，才能继续维持那个"我们家孩子很优秀，我们是好父母"的幻象。面对现实，太痛了；面对平凡，更痛。

老米后来评论道："有些父母最不能接受的，并不是孩子的失败，而是孩子的真实。他们愿意为'优秀'战斗到底，却无法直面现实。"

第五章

在比较中长大的父母&
在比较中长大的孩子

案例5　人生被规划的安娜

从出生那一刻开始，安娜就成长在母亲的殷切期望之下。

从小，我家就有一个"别人家的孩子"

那天，在视频另一端的沙发上，安娜轻轻笑了一下，像是在努力把一个陈年旧事讲得轻松一点儿。

"我舅舅讲过一个关于我妈妈的故事，如果发生在别的家庭里，一定挺好笑的。

"我大概三个月大，妈妈在一本杂志上看到一篇讲天才儿童的文章。文章里说，聪明的婴儿会比别人早几个月学会翻身。虽然我当时根本不会翻身，也没什么特别的迹象，但妈妈似乎急着要证明我以后会很聪明，于是每天都花半个小时把我翻来翻去。她以为这样我就会变成她心中的'天才儿童'。"

她顿了顿，笑容逐渐淡去。

"我妈妈还总是拿我和我表妹索菲娅比。她觉得索菲娅在各方面都比我强。索菲娅长得漂亮，身材小巧，会跳芭蕾、弹钢琴，还会指挥乐团，是班上最受欢迎的女孩儿。她总是笑容满面，朋友一堆。而我……我身材高大，骨架粗，性格安静，和她比起来就像'错误的模板'。我妈每次看我都皱眉。

"她不止一次地说，'你看看索菲娅'，还不断强调我的'缺点'。她逼我学芭蕾、学钢琴，但每次上课她就像一个苛刻的教练坐在旁边盯着我，我只觉得浑身不自在。我笨手笨脚，学什么都学不来。我觉得我不是学不会，而是根本不属于那个世界。"

安娜停顿了几秒，眼神飘到镜头之外，又很快收回来。

"后来我们开始参加派对。索菲娅成了所有男生抢着邀请的对象，而我连跟人说话都紧张。我知道我和她不一样，可我妈看不到，她只看到我不像她。"

她垂下眼睑，轻声说："我学习成绩其实比索菲娅好很多，可那好像不重要。我妈只在意我有没有朋友、笑没笑、穿没穿她觉得得体的衣服。她会说，'你要多笑笑，才能吸引别人。''把头抬起来，把刘海拨开，把衣服塞进裤子里，不要总低着头。'她在我耳边不断地讲这些，我听了很多年。"

我没有义务成长为她希望的样子

安娜抬头看着镜头，语速放慢。

"我妈甚至插手我的社交。有一次,我听见她在厨房跟几个来我家学习的女生讨论谁最适合当我男朋友……我那时候才上初中。我当时真的想钻进地缝里。我说我再也不想跟她讲话了,可又做不到真的生她的气。她说她做这些是为了我,我怎么还能怪她?"

她咬了咬下唇,又继续往下讲。

"后来我上了高中,交了一群我非常喜欢的朋友。她们可能不是最'体面'的一群人,但我和她们在一起感觉特别舒服。可是我妈讨厌她们。她说是她们把我带坏了。其实是我终于开始像我自己了。我开始穿宽松的牛仔裤,不再穿她选的裙子;我不再强颜欢笑去融入索菲娅的圈子;我吃想吃的东西,结果胖了……这成了压垮她的最后一根稻草。她和我爸商量,要搬家,搬到郊区,换一个'全新的生活'。

"那个夏天,我妈开始彻底改造我。"她笑了一下,那种又熟悉又疏远的笑。

"她带我去换衣柜、剪头发、减肥,说'一切皆有可能'。我一开始也信了。我以为,或许她说得对,也许我真的可以做个'新我'。

"新学校、陌生的班级,我不认识任何人。我试图按照她的方式生活,但很快我发现,我根本没变。我依然紧张、害怕、不合群。我以为换了外壳,内心也会跟着改变……结果不是。我更孤独了。"

她轻声说:"有一段时间,我真的相信事情会变好,但你看……我表面上变得'更好了',可里面还是乱的。我直到20多岁才明白,做自己没有错。我不需要成为妈妈想象中的样子,也不应该为此感到羞愧。但在那之前,我真的很痛苦。"

案例分析

有条件的爱

在一些家庭中,孩子从小就不断被拿来与他人比较,父母向他们传递这样一种观念:只有足够优秀,才值得被爱。这种"有条件的爱",不仅在孩子成长过程中留下深刻影响,甚至会在他们为人父母之后,不自觉地延续到下一代。

父母对孩子的期待,往往是希望他们出类拔萃、走在前列。这样的期待看似充满关怀,像是一种美好的祝福,然而一旦演变成过度的控制与强加的标准,原本的爱意就会变成沉重的负担,甚至像一种无法摆脱的诅咒,深深影响孩子的一生。

对安娜来说,童年的大部分时光,都是在母亲的高期待与自己渴望独立之间挣扎。母亲常常用直接而严厉的方式表达不满,对她说:"你还不够好。"她始终试图将安娜"塑造成"自己理想中的样子,却从未真正在意过安娜内心的感受,更不曾理解,安娜因长期被拿来与他人比较所积累的羞怯与自卑。

安娜无法成为母亲心中期望的样子,也让整个家庭陷入紧张。随着她慢慢长大、日渐独立,母亲的控制欲也越来越强——这背后其实是她内心深处对自我价值的不确定。她习惯以女儿的表现来定义自己的成败，因此，安娜每一次"脱离掌控"，对母亲而言，都是一次失控的威胁。

为了重新掌握局势，安娜的母亲甚至做出了极端的决定：强行要求全家搬到另一个社区，试图借新环境"重启"安娜的形象。她嘴上说是为了安娜好，实际上，是想重新掌控孩子，而不是去理解那个真实存在却有些不按剧本走的安娜。搬家并未带来真正的改变，安娜在新的社区依然感到困惑、不安，她没有真正脱离那套控制体系。

在这样的家庭中，安娜并没有从挫折中获得成长，反而得到一个残酷的教训：如果一直按照母亲的期待生活，她将付出巨大的代价。这个代价不仅是失去自我，更是对她独立人格的长期压制。

许多打着"为你好"旗号的父母，其实也在承受自己的焦虑和不安。他们将孩子的成功与失败视作自己的功过，一旦孩子偏离轨道，便试图通过各种方式把孩子"拉回来"。他们甚至会发动全家参与这场"共谋"，孩子必须隐藏真实的想法和感受，只为满足父母的期待。一旦孩子试图挣脱这层束缚，比如像安娜那样追求独立，父母往往会震惊甚至愤怒，责问道："你为什么不听我的，我都是为你好。"

他们口口声声说那是"无条件的爱"，但现实往往是：这份爱的背后隐藏了太多的条件、要求和恐惧。

虚假自我的形成

孩子的性格往往是在与周围环境的互动中逐渐塑造出来的。当孩子所处的环境充满支持和滋养、灵活而不僵化时,孩子可以自由地表达自我,展现出个性。然而,如果环境过于刻板、苛刻,孩子为了迎合他人的期待,往往会抑制真实的自我,最终变成了别人需要的样子,而非真正的自己。

"虚假的自我"可以表现出多种形态:有的孩子可能变成"受害者",有的则会成为"叛逆者",有的孩子会选择成为"讨好者",也有的可能安静地隐藏自己,变成"安静的人"。甚至一些孩子会表现出极端的行为,成为"疯子"或"批评家"。这些看似不同的面具背后,都有一个共同点:它们都在掩盖那个不被接受、无法表现出来的真实自我。

那么,虚假的自我是如何形成的呢?事实上,这个过程往往在孩子人生的最初几年就已经悄然开始。在3岁左右,孩子会逐渐意识到自己是一个独立且完整的个体,拥有独特的天赋和性格。这个阶段被称为"与父母分离"和"个体化"的过程,既有生理上的变化,也有情感上的发展。然而,父母的反应对这一过程至关重要,他们的行为可以促进或阻碍孩子的自我觉醒。

当父母能够在大部分时间里给予孩子接纳和支持时,孩子会在安全感中自由地展现自我,他们会明白:"做自己是没问题的","因为我是我,所以我被爱着"。这种环境鼓励孩子以最真实的自我去与世界接触，增强他们的自信心。

然而，当父母的爱变得过于强烈，甚至变得控制性极强时，孩子的自发行为和个性可能被视为对父母控制欲的威胁。为了避免冲突，父母会试图压制孩子的自我表现，强迫他们符合父母的期望。在这种情况下，孩子正在形成中的自我意识往往会遭到压制，而他们为了迎合父母的要求，不得不抑制最真实的自己。

在所有父母施加给孩子的控制行为中，最有力、最具破坏性的莫过于收回爱。当孩子感受到父母的爱和接纳时，他们会获得安全感；但如果这种爱是有条件的，或者父母在孩子犯错时收回爱，孩子便会感到自己被遗弃。而在儿童的世界里，被遗弃的恐惧几乎等同于死亡。即使父母没有恶意，孩子也会深切地感受到这种恐惧。

为了避免被父母遗弃，孩子往往会不惜一切代价去满足父母的期望，甚至放弃自己的真实自我。如果父母告诉他们"永远不能哭"，孩子就学会压抑自己的情绪；如果父母告诫"不许顶嘴"，他们就会抑制自己的反应。当孩子因为取得好成绩、入选球队或弹奏乐曲而获得父母更多的关注和爱时，他们会从中学到：只有表现得足够优秀，才能得到父母的爱。这种信息往往会潜移默化地影响孩子的一生，使他们一生都在努力迎合外界的期待，忽略自己内心的声音。

自我防御机制

虚假的自我并不是真正的自我，它只是一种防御机制，其根源在于孩子将父母的愿望和要求深深植入自己的内心世界。随着时间的推移，孩子成年后继续佩戴着这些面具，以此保护自己免受外界的伤害和情感的创伤。在我的咨询生涯中，我听过许多成年后的孩子讲述过类似的故事，这些倾诉记录揭示了虚假自我如何在孩子成长过程中形成，并继续影响他们的一生。

在老加和老米调查的 800 个家庭中，有一个令人心碎的共同点：许多孩子早早学会了伪装，只因为他们发现，只有这样，才能换来父母的笑容。久而久之，这种伪装成了他们最早的防御机制，用来保护那颗渴望被接纳的心。

马丁曾这样描述自己的经历："小时候，每当我穿上新衣服，都会引发和父母的争执。有一次，我准备下楼去吃感恩节晚餐，穿得整整齐齐，结果妈妈看着我说：'马丁，你得赶紧去换衣服，这条裤子太难看了！你不想让我在伊内丝面前丢脸吧？'等我长大一点儿，开始敢于拒绝妈妈的要求时，爸爸也插话了：'拜托，马丁，就当是为了我。你不想让妈妈气得生病吧。'听起来简直荒谬，但最终，我还是换上了他们希望我穿的衣服。"

卡门则分享了她的另一种经历："我的父母不允许我在学校的健康表上写明我患有癫痫。虽然我的病情很轻，药物可以控制,但他们始终不希望任何人知道。他们说,其他人会因此投来异样的眼光。我感觉,他们其实是在保护自己,或者说他们为有一个'不完美'的孩子而感到羞愧。我一直在想,如果在学校里癫痫发作,没人知道我到底怎么了,那该怎么办?我很难相信父母会让我陷入如此的风险,但他们确实这么做了。"

伊莎贝尔则回忆道:"你肯定不会相信,当我决定不上大学,而是去找工作时,家里发生了什么。我先告诉妈妈,结果她把自己锁在了卧室里。后来,我听到她告诉爸爸说:'我们的女儿要毁了。我们到底做错了什么,要承受这样的结果?'接下来的两年里,我常常听她在和朋友们说我在申请不同的大学。我发现自己也跟家人和朋友说了同样的话,但我心里知道,我再也不会回到学校了。"

这些成年人的经历,都反映出他们从小就明白,"保持完美形象"对父母来说有多么重要。当他们能够自己系好鞋带、拉好外套的拉链,甚至在笔记本上工工整整地写下自己的名字时,他们已经学会了如何向外界隐藏自己的缺点和不完美。他们的自尊和自信,往往建立在外部表现上,只要表现得好,他们便是"好孩子"。

然而,当他们的表现不够完美时,他们也发展出了自己的一套生存策略。这些策略包括回避、隐瞒、掩饰、压抑甚至编造自己的真实感受。他们用这些方法保护自己免受父母和社会的批评与伤害,试图保持外在的"完美形象",即便这意味着压抑内心的真实情感。

你或许会想:"但我父母从来没有给过我压力。也许我天生就是个'好孩子',如果我感到压力,那也是我自己给自己施加的,父母只是告诉我尽力而为。"然而,无论父母是否直接施加压力,孩子往往会通过自己的方式解读父母的期待,将其内化成自己行为的规范。这种"无形的压力"正是导致虚假自我形成的根本原因。

第六章
用期待做筹码的父母&在赞美中长大的孩子

案例6 优秀的葆拉

葆拉外表出众。她身材高挑，拥有一头金色的秀发、浅褐色的眼睛和自信的微笑。36岁的她，看起来不像一个成功的医生，而更像是一位模特。

那个完美的"她"为什么还单着

"朋友们都说我拥有了一切。我考上了最好的医学院校，毕业后我开了自己的诊所，生意也不错，我有一个看似完美的职业生涯。按理说，这本该是我一生中最快乐的时光，但事实上，我很痛苦。"葆拉向老加倾诉。

"你能感受到是什么让你如此痛苦吗？"

"痛苦就在于，这些别人眼中的美好，根本不是我真正想要的。"

第二部分　无法接受不完美的家庭

"那什么才是你真正想要的？"

"我真正想要的，是能有一个自己的家，有感情和睦的丈夫和几个孩子。但我好像永远也找不到合适的男人，我和无数男人见过面，别人也给我介绍过很多次。就在上周，一个朋友要把她认识的男人介绍给我，我一看照片就笑出了声，因为另一个朋友也介绍过同一个人。我谈过几次恋爱，始终没有一个能跟我走进婚姻殿堂。我感觉，我就像是中了一种魔咒。"

"你每次分手的原因都是什么？"

葆拉叹了口气："理由各不相同，有的是说性格不合，有的是对方爱上了别人，还有的干脆就人间蒸发了。"

"有没有哪一段恋情让你印象特别深刻？"

葆拉几乎毫不犹豫地答道："那一定是劳尔，我和他约会过一段时间，那段时间我感觉一切都很棒，我甚至觉得他就是我的真命天子。可是有一天，他突然告诉我他还没准备好谈恋爱。我非常伤心，无法接受，但也无能为力，可就在我们分手的六个月后，我听说他要和别人结婚了。我气疯了，跑去质问他，为什么选择别人而不是我。"

"他的回答是什么？"

葆拉深吸了一口气，眼圈也有些泛红："劳尔说我是一位很棒的女性，很有趣，而且非常聪明，真的是集所有优点于一身，但我们之间就是缺少点什么。我问他到底缺了什么，他告诉我，每次和他在一起的时候，我总是心不在焉，而且什么事我都安排得很妥当，从订餐厅到度假旅游计划一切都安排得井并有条，这让他感觉自己在我面前根本不重要。而且，我不仅自己事事追求完美，也总是希望他能尽善尽美。他虽然很欣赏我，但是和我在一起的时候他总会感到压抑。他希望自己的终身伴侣能尽量真实一点儿，起码把自己真实的感受告诉对方，而不是总在扮演完美的状态。"

伪定律：获取爱 = 做到完美

"你认同他的说法吗？"

葆拉顿了顿，低声说道："我确实有些完美主义，我很清楚这一点。但我也不能允许自己像很多人那样随便，就算是在自己家里，我也不会让自己的头发乱糟糟的，或者随便把鞋子踢掉，窝在沙发上。"

"你是从什么时候开始对自己实行这种严格标准的？"

"说起来，我上中学的时候就开始这样了。但并不是我想这样，一切都是为了我妈妈。"

从葆拉记事起，她就感觉自己的母亲和其他母亲不一样，她的母亲总是情绪显得很低落，很少对家人露出笑脸，跟家人聊聊天儿。她曾因抑郁症多次住院，而每次住院后，葆拉的父亲都会严肃地把葆拉叫到一边，叮嘱她不可以在母亲面前展现不好的情绪，不能因为不重要的小事去打扰她，必须竭尽所能让母亲开心，这样我们才不会失去母亲。

在这样的家庭氛围下，葆拉渐渐学会了压抑自己的情绪。她从不哭泣，无论多么悲伤，都能做到不表露出真实情感。葆拉的优异成绩常常让母亲十分开心,所以她学习特别用功。她躲进学习的海洋里,每一次都努力得到 A,父母的赞美让她感到自己得到了爱。她内心的空虚也因此被暂时填补了。她开始把父母的认可和赞美作为自己生活的动力,害怕自己稍有不完美,父母的爱就会消失。于是,她不断追求完美,把每一件事做到极致。

正因如此,葆拉养成了冷静、能干、负责的性格。36 岁时,她成了一名成功且称职的医生,但朋友和恋人却觉得他们永远无法真正地接近葆拉。

这就是"获取爱 = 做到完美"的伪定律。它让葆拉无法和别人建立亲密的关系。人们往往认为,如果自己向他人展示出一堆完美的成绩,就能收获爱。更糟糕的是,人们会因此期望别人也是完美的,或者至少有提升自我的意愿。当一个人把做到完美当成得到爱的砝码,这种"完美思想"不仅局限于自己,也会影响到身边的朋友、恋人和其他人。

案例分析

完美背后的需求与代价

很多父母都对孩子说过类似的话:"你是我一生中最好的作品,你对我而言是最重要的人。"这听起来似乎是一种深情的赞美,但在某些家庭,这种赞美则变成了沉重的负担。

爱得太多的父母

很多孩子甚至在幼儿时期就感受到父母对他们的期待。这种期望在他们身上无形地加压，使得他们很难拥有真正的自我认同。而且，随着时间的推移，孩子们会通过父母焦虑的反馈不断内化这些期待，逐渐形成自己对表扬、认可和赞同的强烈需求。尽管成年后，他们常常试图满足这些需求，但往往始终无法真正得到满足。

当父母将自己的幸福与孩子的成就捆绑，孩子就会成为隐瞒自己缺点的高手，并将"保持完美形象"作为生存的首要策略。记得有一位女士曾经回忆道，有一次她看到母亲在街上向她走来时，她竟然飞快地跑进一条小巷，差点儿被一辆卡车撞到。老米问她为何如此，她解释说："一周前，我和朋友去滑雪摔断了胳膊。我知道如果她看到我胳膊上打着石膏，一定会很生气。所以，回来后我一直躲着妈妈，不愿看她焦虑，甚至宁愿冒着被卡车撞到的风险。"

"保持完美形象"不仅影响个人的情绪与行为，还会深刻影响人际关系。秉承这种思想长大的孩子，往往会带着同样的态度应对生活中遇到的其他"权威人物"，比如老师、老板、长辈或任何其他看似权威的人。

被爱得过多的孩子，长大成人后常会有以下表现：

- 在受伤时会隐藏自己的脆弱。
- 压抑正常的愤怒和不满。
- 明明不开心，嘴上却说着一切都好。

- 哪怕需要帮助，也从不向他人寻求帮助（家人有可能除外）。
- 觉得自己必须永远完美或正确。
- 对自己的外貌、身材、健康等过分挑剔。
- 因害怕犯错而无法行动。
- 害怕别人察觉到自己的弱点。
- 认为如果把真实的自己暴露在别人面前，就会遭到嫌弃。

尽管"保持完美形象"带来了许多内心的压力，它也能带来某些"回报"。这些孩子通常在艺术领域表现出色，能够时刻保持平静、从容的神态，甚至在不安时也能展现出超然的气质。因为善于隐藏自己的缺点，他们往往在职场上也能表现得十分出色，成为优秀的教师、演讲者、推销员等。他们能够巧妙地展示自己的能力，轻松获得他人的赞誉与认可。与在家庭中承受的严苛目光不同，职场上的表现往往更让他们感到轻松自在。

然而，这种过度追求完美的背后，往往隐藏着巨大的心理负担。被过度养育的孩子们，有时会因为长期压抑真实的情感，甚至陷入酗酒、吸毒等行为，借此逃避内心的痛苦与空虚。

"保持完美形象"还会影响与他人的亲密关系。一位男士曾坦言自己是"婚姻恐惧症患者"，因为他总能找到女性身上的一些小缺点，并且无法容忍这些小瑕疵。完美主义者往往很容易对伴侣产生不切实际的要求,当发现对方无法达到自己的标准时,他们便会感到失望,并迅速结束关系。此外,有些完美主义者会因为对自己的苛求而吓跑那些希望与他们建立亲密关系的人。

赞美和认同的区别

什么才能让一个人真正招人爱?完美主义者恐怕很难相信,正是那些抽丝的长筒袜、当众发言时的汗如雨下,这些看似弱点的地方,反而使人更加生动,也因此变得可爱。相反,如果我们一直追求"保持完美的形象",最终却被一些从一开始似乎就无法回答的问题所困扰:"为什么无论我赚了多少钱,取得了多大成就,有多少人赞美,内心仍然如此空虚?为什么我总觉得生活中少了点什么?"

想要改变完美主义带来的弊端,完美主义者需要弄清楚,自己想要获得的是虚浮的赞美,还是中肯的认可。

让我们先来看看赞美和认可有什么不同。

赞美是对自己行为的肯定,这种肯定基于他人的期望,或者是社会所规定的行为规范。这个强加于身的价值体系只评价我们的行为,不关注我们的内心。而认可则是他人对我们的内心经历或"真实自我"的肯定。它包括对我们思想、感受、恐惧和梦想的支持与理解。

如果一个人从小就因"保持完美形象"而受到赞美,却从未因真实的自我而得到过认可,那么其自尊就会完全建立在成就之上，迫使自己在做每一件事时都要做到完美。

被过度关爱的孩子，如果无法辨别赞美与认可的区别，就会一次又一次地重复着童年的经历。即使他们在外人眼里已经是"完美形象"了，但如果不能取悦父母，他们便永远感到不满足。完美主义者需要知道，虽然自己不完美，但大多数人还是愿意爱我们。老加说："赞美不是爱，一个人在别人面前越完美，就越难得到真正的爱。"

被父母过度关爱的孩子，很可能从没有机会真正体会自己的感受和情绪。即使他们成功后收获了很多赞美，却从未因真实的自我而得到足够认可。他们会不自觉地认为，展露真实的感受就意味着"形象破裂"。 以下是一些普通人可能会有的感受，而完美主义者往往会因为害怕"形象破裂"而拒绝展露的情绪：

- 生气、焦虑、刻薄
- 关心、好胜、依赖
- 气馁、厌烦、怀疑
- 嫉妒、热忱、暴怒
- 慷慨、犹豫、绝望
- 敌意、自卑、急躁
- 孤独、失落、渴望
- 率真、喜爱、恐慌
- 调皮、骄傲、大怒

- 快感、性欲、小气
- 尴尬、自私、糊涂
- 温柔、软弱、忧虑

"我们都是普通人，都会经历各种情绪起伏。"老米说，"只有当一个人真正放下'必须完美'的执念，才有可能驱散内心那股隐隐的空虚。这个过程或许缓慢、挣扎，但终究值得。因为唯有如此，我们才能真正明白，你生命中的每一个部分——即使是不完美、脆弱、像个普通人那样的部分——都同样值得被爱、被接纳。"

第七章

内心装满挑剔的父母&
不敢让父母失望的孩子

案例7 永远弹不对F调的布鲁诺

布鲁诺的父亲是一位杰出的钢琴家,天赋异禀、技艺超群。作为一名钢琴家的孩子,他无时无刻不感受到这种与音乐紧密相连的生活。然而,这份荣耀和光辉背后,却是一种无法逃避的责任感,一种无形的枷锁。

作为一名钢琴家的孩子

6岁那年,父亲开始亲自教布鲁诺弹钢琴。对许多孩子来说,钢琴是一件充满魔力的乐器,黑白琴键的跳跃和音符的飘扬似乎是通向梦想的钥匙。刚开始,布鲁诺的钢琴练习是一种探索,父亲的指导也充满了温暖与耐心。他能感觉到父亲对他寄予的厚望,每一个音符的跳动,仿佛都带着父亲对他未来的期待。起初,这一切让布鲁诺感到新鲜和兴奋。

然而，随着时间的推移，这份兴奋变得渐渐沉重起来。每次弹钢琴，布鲁诺总会听到父亲从卧室里传来的纠正声："不！是升F，不是本位F！"或者，"是G小调，不是G大调！"又或者，"注意你的节奏，怎么越弹越快！"这些话语在布鲁诺耳中像重锤一样敲打着他的自信心。他开始怀疑自己到底能不能像父亲那样，成为一个杰出的钢琴家。每次坐在钢琴前，他就会变得紧张，双手也开始颤抖。钢琴不再是一个表达音乐和情感的工具，而成了他父亲无休止要求的战场。

父亲的期望并没有因为布鲁诺的年龄而减少，反而随着时间的推移变得越来越严苛。在家里，每次父母开派对，布鲁诺都知道自己不能逃避钢琴的演出。他必须站在众人面前，弹奏那些经典的曲目，这对他来说，简直就是一场噩梦。特别是每当他弹奏贝多芬的《悲怆奏鸣曲》时，他总能想象出如果贝多芬还活着，看到他弹奏这首曲子的样子，肯定会气得在坟墓里翻来覆去。这首曲子对于他来说，已经不再是音乐，而是父亲那道无形的压力。每当他停下来，父亲总会以一种不容忍的语气提醒他："你错了，节奏错了，音符不对了！"

布鲁诺已经无法从音乐中感受到任何乐趣。他对琴键的恐惧，逐渐取代了对音乐的喜爱。他无法理解，为什么每一次他弹奏，父亲总是指出错漏，却从不曾说一句肯定的话语。每当他的手指按下琴键时，脑海中回荡的并不是曲调，而是父亲那严厉的声音。他开始躲避琴键，甚至厌恶一切与音乐相关的事物。

我对你很失望

除了钢琴，布鲁诺还要面对父母在其他方面的高期望。"我对你很失望。"这句话比任何惩罚都要残酷。布鲁诺从未觉得自己能满足父亲的期望。在他的生活中，父亲总是以最严格的标准要求他，而这种压力从未因为他的努力而有所减轻。布鲁诺明白，无论自己如何努力，父亲的期望永远高得触不可及，甚至连一点点儿的失误都会让父亲皱起眉头。

这种失望并不是源于布鲁诺某一方面的表现，而是来自父亲对他个性的彻底不认同。他在父亲眼中永远不够好，永远无法达到那个"钢琴家"的标准。尽管父亲的要求一直伴随着他，但布鲁诺内心最深处的渴望并不是成为一个伟大的钢琴家，而是希望能得到父亲的认可，能够被父亲当作一个独立的个体，而非他光辉背后的影子。

每次家庭聚会，布鲁诺和他的哥哥总被安排在亲戚面前表演。他们无论做得如何，总会被父母责怪："你太安静了""你没有亲吻你的祖母"，甚至"你忘了给朱迪阿姨展示你的游泳奖牌"——这些看似无关紧要的事情，却深深地刺痛了布鲁诺。无论他如何努力去满足父母的期望，总会有新的要求被提出来，仿佛他们永远不会满足。

布鲁诺的父母总是抱有一种"完美家庭"的理想，他们期望一切都能按照他们的设想来进行：每一个孩子都应该在公众面前光彩照人，每一个举止都要符合他们对家族荣誉的定义。这种理想带来了沉重的负担，布鲁诺在这种压力下感到无处可逃。

　　布鲁诺和姐姐之间的关系也没有逃脱母亲的干预。母亲总是希望他们能成为"最好的朋友"，希望他们永远亲密无间。布鲁诺和姐姐之间的互动，虽然不像母亲所希望的那样完美，但他们彼此关心，相互支持。然而，母亲的不断干预，使两人的关系变得越来越僵硬。布鲁诺明白，母亲无法接受他们的个性差异，始终希望他们按照她的标准来建立关系。这种强加的亲密关系，让布鲁诺感到窒息，甚至在姐姐面前也开始不自在。

　　布鲁诺的故事并不独特，而是许多人在成长过程中所经历的缩影。父母的期望、家庭的压力、社会的要求，这些外界因素常常成为我们内心深处无法摆脱的负担。

案例分析

卡伦·霍妮的"应该的专制"

　　父母希望孩子成功，这本是人之常情。然而，在爱与期望的名义下，一些父母却无意间变成了孩子的压迫者。他们溺爱孩子，又对孩子抱有不切实际的期待，一心追求所谓"完美的形象"与外界的认可。这种期待，并非真正出于对孩子内在成长的关注，而更像是在塑造一个符合自己幻想的理想角色。

　　孩子不再是一个有血有肉、有情绪起伏的人，而是被投射了"你应该"的空壳：你应该更懂事、你应该更努力、你应该更优秀。久而久之，孩子便活在一场永远无法达成的"应该"里，无论多努力，都仿佛永远无法赢得真正的肯定。

哪怕只是一句"你可以做得更好"，对孩子来说，也可能像一把温柔的刀，切开自我怀疑的缺口。心理学家卡伦·霍妮将这一现象称为"应该的专制"：孩子被要求成为那个最体贴、最无私、最优秀的存在，能够压抑情绪、忍受一切、讨好所有人，几乎是一个不出错的完人。

我们中的许多人，其实都曾在"应该的专制"中长大。我们太爱父母了，爱到不敢让他们失望。于是，那个内心批判者在我们心中悄然生根发芽，不断鞭策我们：你还不够好，你必须更努力，否则你不值得被爱。

布鲁诺的故事，正是这场无形压迫的真实写照。他的父亲是个完美主义者，一心想把儿子培养成杰出的钢琴家。起初，这似乎是出于美好的初衷，但在布鲁诺的成长过程中，这份爱逐渐变了味。父亲关注的，永远是他弹错的音，而不是他练习的汗水；在父亲眼中，准确和规范，比对音乐的喜悦更重要。

在父亲不断的挑剔和高压之下，布鲁诺对音乐的热爱逐渐熄灭。他每次坐到钢琴前，感受到的不是旋律，而是紧张、焦虑与自我怀疑。他发展出了严重的演奏焦虑症，甚至开始逃避任何需要展现自己的场合。所谓"完美的期待"，最终让他失去了成长的勇气。

当父母的"你应该"要求变得越高，孩子的自我价值就越容易被拉低。他们开始把自己的价值与表现绑定，一旦没达到标准，就陷入自责与无力。而最残忍的是，这些"应该"在孩子成年后，还会以另一种形式继续在他们心中发号施令。

我们会发现，童年那些语句，已悄然演变为成年后的内心独白：

- "你可以做得更好。" → "我永远不够好。"
- "你做不到，让我来。" → "我不靠别人就会失败。"
- "不要和我争论。" → "我不能有自己的想法。"
- "要对每个人都友好。" → "我不能让别人知道我不高兴。"
- "你优秀时我们爱你。" → "我只有完美，才配被爱。"

虽然我们可能未曾清晰察觉这些来自父母的语言遗产，但它们早已渗透我们对世界、对他人、对自己的看法，成为一种深藏内心的隐形枷锁。

内心批判者的惯用伎俩

内心批判者往往通过反复强化负面想法，悄无声息地腐蚀我们的自尊。它在我们与他人比较时暗中兴奋，在我们允许别人对我们的评价左右情绪时，它则在内心暗自欢腾。就像用投影仪将图像投射到大屏幕上，我们也常常将自我批判投射到他人身上。即使别人没有直接批评我们，我们也会觉得自己被指责。内心的批判者非常狡猾，常常通过多种手段来影响我们的情感和行为，其中常见的"伎俩"有：攀比、负面投射、无效赞美、夸大问题和非黑即白的思维。

我们生活在一个充满竞争的环境中，外貌、收入、住址、社交圈等，常常成为我们自我价值的标尺。一旦陷入这种攀比的旋涡，我们很难感到自己足够好。尤其是那些曾经在父母过度关爱和高期望下成长的孩子，成年的攀比之心往往更加强烈。比如，"为什么你不能像哥哥一样呢？"这样的攀比，让我们的生活变得像一场没有赢家的赌博，个人的自尊与成就紧密挂钩。我们通过成就来衡量自己，而忽略了自己内在的成长和真实的感受。

在我们获得成功的那一刻，我们似乎能感觉到父母最深切的爱意。但一旦失败，我们就会怀疑父母是否依然爱我们，我们会努力去取悦他们，期待他们的认可和接纳。我们的价值感常常与他人的评价紧密相关，尤其是父母的期望。倘若我们未能达成他们的期望，内心的自我批评便如潮水般涌来。

如同投影仪把图像投射到屏幕上，内心批判者常将负面想法投射到他人身上。我们会觉得"走进一间人满为患的房间，似乎每个人都在谈论我"；或者"所有男人都像我爸爸一样强势控制，难以亲近"；又或者"我的老板一直表现得很好，但我知道他其实心里在等我犯错"。这种投射并不总是有害的，但当它让我们频繁感到焦虑、害怕与人接触，甚至回避机会时，它就已经对我们造成了影响。

内心批判者还会借助"无效赞美"伪装自己。比如"卡门是班上最漂亮的女孩""马特奥是个天才""蒂亚戈只要努力就能成功",这些听似鼓励的评价,实则可能制造隐形压力。如果孩子长期沉浸在"你真棒""你好聪明"的标签中,一旦步入社会,面对真实挑战,他们很容易因为落差感而动摇自信。

在学校里,我们也会被现实打击:"伊莎贝尔说我长得像癞蛤蟆""费尔南德斯太太说我懒惰""劳尔成了首发队员,我被替换了"。这些评价让我们开始怀疑父母曾给予的赞美是否真实,也动摇了对自我能力的信任。

过多的赞美带来的另一个问题是,我们的自尊开始依赖外界的肯定。我们会一心追求外界的认可,竭尽全力争取别人的赞美,忽视了自己是否从中获得真正的满足和喜悦。我们做事的动力越来越多地来自他人的评价,而非内心的需求。这样,我们与自我的联系逐渐疏远。

父母对孩子的过度保护,尤其是在孩子遇到麻烦时,往往会表现出极高的敏感性,能迅速察觉孩子的困境,竭尽全力去解决问题,甚至不惜牺牲自己的时间和精力。然而,这种过度保护最终可能适得其反。如果父母对每一个微小的麻烦都反应过度,就会在无意中创造一种过度关注问题的氛围。

在某些家庭中,父母和孩子之间的对话几乎只剩下孩子的"麻烦"。这些麻烦常常被父母无限放大,他们的焦虑让他们无法客观地看待问题。孩子和父母之间的关系,可能会变成"问题解决者"和"无助者"之间的对抗。孩子渐渐学会通过制造麻烦来吸引父母的关注,夸大问题,借此左右父母的情绪,以此来获取关爱。

成年后，这种模式往往会延续在人际关系中。我们中的一些人学会了用类似的方式"摆布"他人，向他们倾诉自己无休止的烦恼，夸大麻烦的严重性。遗憾的是，别人并不愿意陪伴我们玩这个游戏。

如果我们继续让内心批判者主导我们的生活，那无疑是在自我设限。我们把自己的价值寄托在他人的认可上，害怕拒绝，因此不断回避挑战和机会；我们认为，做事必须尽善尽美，否则就是失败，所以常常拖延不前；我们害怕暴露自己的缺点，难以与他人分享真实的感受。每当犯错时，内心批判者便立刻向我们发起猛烈攻击，逐步摧毁我们的自信。最可怕的是，这种自我批评的态度不仅阻碍了我们的成长，还会在与他人的关系中制造隔阂，把我们真正关心的人推得越来越远。

摆脱内心批判者

如果你觉得以下台词很耳熟，"我不够好……我看起来糟透了……我需要你的认可才能感觉良好"，那么，请记住：你完全可以摆脱内心批判者，可以从自我批评的陷阱中爬出来，重获自由。以下几种方法可以帮助你减轻自我批评的影响，并逐步终结它对你的控制。

认清事实，直面负面信息，整理并列出你从父母、身边重要人物那里得到的批评

比如：

妈妈	爸爸
你太胖了	别那么害羞
我对你很失望	让我为你骄傲
你真懒	你该减肥了
你应该取得更高的分数	我对你很失望
你不该生气	你可以做得更好
只有婴儿才能哭	永远不要让我难堪

从这些儿时的批评中,我们可能得出了许多关于自己的负面结论——比如"我不讨人喜欢""我不够好""我不应该表达情感""我很懒""我让父母失望了""我很失败"等等。虽然这些话语过于极端,但它们揭示了我们内心深处的感受。要打破自我批评的循环,我们必须先承认这些感受的存在,然后才能有效地减轻它们的影响。

认真阅读你总结的列表,反思它们与你对自己的批评之间的联系:你是否还希望继续与这些负面信息纠缠不休?这些说法真的准确吗?你真实的想法又是什么?通过这个过程,你可以开始厘清这些批评与现实之间的差距。

了解内心的批判者

试着想象你的内心批判者长什么样:它像严厉的教官、苛刻的老师,还是像你的父母?与内心批判者对话,了解它为什么贬低你,它的需求是什么?它希望你做什么?你们如何才能从对立的角色转变为共同合作的伙伴?通过这一过程,你能更清晰地认识到内心批判者的存在,并减少它对你的掌控。

关注由自我批评衍生的行为反应

接下来的几天里,留意一下你在与他人交往时,是否感到害怕或崩溃?这往往源于我们与父母或其他重要人物之间未解的情感冲突,我们会把这些情感问题无意识地"转移"到类似的人身上,尤其是权威人物。记住,除非你主动赋予他人评判你的权利,否则没有人能轻易击垮你。归根结底,我们要为自己的情绪负责。当你意识到自己在与老板或同事交往时,可能正无意识地重复着与父母的互动模式,你就能够调整自己对他人的期望,从而降低他们对你情绪的影响。

试着全然接纳自己

你是否有某些觉得自己不够好的部分?你是否害怕愤怒、嫉妒或脆弱的情绪?如果你把这些"缺点"视作不可接受的部分,它们就会引发两种反应:你要么在与他人交往时保持戒心,避免暴露这些情感;要么看到别人身上有类似的情感时产生强烈的负面反应。关键在于一旦你意识到这些情感,便能开始减少对自己和他人的批评,逐渐接纳这些"不可接受"的特点。学会信任、接纳并欣赏自己,这对个人成长至关重要。

把别人的批评当成一种反馈,而非定论

你不需要把别人的评价视作事实或对你自我价值的直接

评判。**别人的言论和看法与我们内心的自我价值并没有必然关系。别人的批评之所以能够伤害我们，是因为我们把它们和"我不好"这种自我否定的想法混淆了。** 事实上，很多批评往往源自他人自身的不安全感。明白这一点后，你可以更客观地看待他人的反馈，将其视作改进自己的契机，而不是情感上的打击。

给自己肯定和支持

改掉自我批评的习惯需要很大的勇气。你可能需要推翻小时候所受的负面教导，重建自己对自我的信任。一个关键的步骤是，给自己足够的肯定，尤其是在取得每一个小小的成功时，都要为自己庆祝一下。降低过高的期望，设定切实可行的小目标，逐步体验自我成就感的提升。

用积极的声音压过内心批判者的声音

当内心批判者在你耳边喋喋不休时，用积极的、支持性的语言来压过它的声音。每天重复几句正面的自我肯定，例如："无论我有多不完美，我都完全接纳自己。"这些积极的语言会帮助你重新调整内心的对话方式，逐渐从批判者的阴影中走出来。

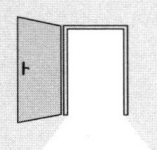

第八章

拒绝现实的父母&
求救无门的孩子

案例8　特殊儿童莉娅

若昂是一位干练精明的中年男子,说话利落、头脑清晰,给人一种行动力十足的印象。但他的眼神里藏着警觉与疲惫。他说,自己最爱的人是女儿莉娅,而他的困扰也正来自她。

我家孩子怎么可能有学习障碍

"我们第一次意识到莉娅可能跟不上学习,是她上幼儿园的时候。其他孩子都能认字母表了,莉娅却还不会。有天她从学校回来后大哭,我们只好带她去医院。医生说孩子发育节奏不同,建议我们别太焦虑。可我们放不下心,开始天天教她识字母,终于她学会了。

"之后我们给她读故事,可她总是听不进去,还经常打断我们,问一些风马牛不相及的问题。我们安慰自己,一个5岁孩子嘛，别要求太高。直到学期结束，老师建议她留级——说她明显落后于同龄孩子。"

"你们是怎么回应的？"老加问。

"我们非常生气。我妻子当场质问老师：'你怎么能给幼儿园的孩子打不及格？'我们坚决不同意，也绝不接受孩子被贴上'落后'的标签。"

于是，他们决定换一个学区，换一所更好的学校，甚至瞒下了莉娅曾留级的事实。"我们想让她重新开始，不想她被带着偏见对待。"

但情况并没有好转。

"接下来的两年，老师反映她上课经常走神儿。我们轮流陪她做作业，确保她不落下。后来老师又说，我们帮得太多，让她失去了独立性。可我们觉得，只要她能跟上就好。"

三年级时，问题再度浮出水面。

"老师说她的自然拼读能力差，送她去学校辅导员那里评估。我们还没搞清楚怎么回事，学校就已经做了初步测试，怀疑她有听觉感知问题。希望我们同意让她做进一步心理测评。"

"你们同意了吗？"

若昂摇头："我简直气炸了。没通知家长就给孩子做评估？我冲进校长办公室大发雷霆。听见别人说你孩子'有问题'，那种心碎你能想象吗？"

尽管校方解释这属于常规流程，若昂还是不能接受。他找了自己信任的心理医生重新评估，对方说莉娅可能有轻微的学习障碍,建议考虑特殊教育,但也表示并非"绝对必要"。

"我们完全拒绝了特教的建议。我们不想她被贴上标签,决定自己教她、请家教,继续坚持。"若昂一脸笃定,"我们相信,只要够努力,一切都能解决。"

可现实远比他们想象的复杂。莉娅开始逃课、注意力更加难以集中、频繁与同学交头接耳。惩罚没用,劝说无效。等她上了初中,新的问题又接踵而至。

海啸般的爱,淹没的是自己的孩子

当莉娅进入中学后,情况并没有随着时间的推移而好转。若昂的妻子发现,莉娅在学校受到了孤立,几乎没人邀请莉娅参加派对或社交活动。

"起初,我以为这只是我们面临的众多问题中最微不足道的一个。但我还是希望她能像其他孩子一样,拥有正常的社交生活。妻子建议莉娅主动约朋友,或者参加一些活动,比如学芭蕾舞。然而,她建议得越多,莉娅越听不进去,她只想待在家里看电视。

"你能想象那种感觉吗?心里清楚其他孩子不喜欢你的孩子。我妻子甚至翘了班,开车去莉娅的学校,偷偷观察她课间的情况。她发现,莉娅要么孤零零一个人,要么和比她小得多的孩子一起玩。妻子给我打电话时,声音里充满了沮丧。而我整个下午没办法集中精力工作,脑子里全是莉娅的事。一想到其他孩子这样对待她,我就气不打一处来。附近的孩子都太残忍了，我真想揍他们一顿。"

若昂的措辞让我感到惊诧，我警觉地看着他，他马上反应过来，显得有些不好意思，解释道："别误会，我不会真的做什么，我只是很生气。但很快我明白了，没有人能像我和妻子那样爱莉娅，大人都很难做到，更何况那些孩子。"

若昂接着说道："有一天，我们收到了一封挂号信。信里通知我们，学校将就莉娅的问题进行一次'多部门员工会议'。你敢相信他们居然这样对待家长吗？那一阵，我妻子把学校寄来的所有信都扔掉了。我知道这很幼稚，但我们觉得，自己已经把控住了局面。我们不想听莉娅的老师说任何话，她总是让我们灰心丧气。学校只能用挂号信联系我们。

"这件事无法向莉娅保密了。我妻子情绪失控，我们冲彼此大吵大嚷，但最后，我们还是试着告诉莉娅，这只是一次普通的会议，不用担心。可我们骗得了谁呢？莉娅看起来很害怕。我想让她知道，我会保护她，有我在她身边支持她，她不会有事的。"

"这次会议上都发生了什么，方便告诉我吗？"

若昂苦笑着："我来告诉你员工会议是什么样子的吧。你走进房间，有大概10个陌生人盯着你——心理学家、行政人员、教师、辅导员，甚至连校医都来了。我恨他们每个人，我的孩子被分到一个学生众多的班级，根本得不到单独关注，他们对此都要负责任。而他们却说，莉娅需要更多的关注，但普通班的老师无法给她。所以这一次，他们坚持让她转入特殊教育班级。学校的心理学家说：'她在特教班可以得到所需的帮助。'我反驳道：'你们都还没帮助她呢！'他们面面相觑。妻子用脚在桌子底下踢我，想让我闭嘴，但我不在乎。这些人凭什么告诉我，什么对我的孩子最好？他们竟然跟我说，特教班更适合莉娅。她去那里只会背上一辈子的污名。我起身离开了房间，妻子别无选择，只好跟在我身后离开了。"

"你们这次依然拒绝了学校的建议，是吗？"老加问道。

"是的，我们没让莉娅上特教班。但现在想起来，她的学习问题像一块大石头，压在了全家每个人的身上。我们每天逼着莉娅做作业，整理好上学用的东西，已经身心俱疲了。有时，我真想使劲摇晃她，把她摇清醒。好几次我都觉得自己快累垮了，甚至觉得也许她真的该去特教班。这种情况一直延续到她上高中后。我暗想，太好了，她又是一张白纸了。但学校的通知书再次寄到了家里，莉娅的每个老师都阐述了她的各种学习问题。"

说实话，在老加和老米调查的家庭中，像若昂这样一再无视明显事实、自欺欺人的父母，不在少数。他们固执地坚持着自己的幻想，全然不顾及孩子的真实情况，他们的爱如肆虐的海啸，最终淹没的是自己的孩子。

"这一次，你们选择接受他们的建议了吗？"老加问。

"这次，我们也在中途离开了会场，但莉娅的班主任老师追着我们跑到了走廊。她看似要哭出来了，抓住我的胳膊说：'我妹妹和莉娅的情况很像，我爸爸宁愿她去死，也不愿意她上特教班。但她现在开心多了,也自信多了。你有没有问过莉娅的想法,你坚持让她和其他孩子竞争,在他们面前一次又一次地失败,这是什么感觉?你是想让孩子们嘲笑她的错误吗?问问她吧。'"

"你们很幸运,莉娅遇到了一位好老师。"老加说道。

若昂低下头,两只手握在了一起:"事实上,我也注意到了这点,但我还是对她说,'这不关你的事,她是我俩的孩子。'可是在开车回家的路上,我突然意识到,我确实没有问过莉娅的想法。我一直觉得,她知道什么呢?她只是个小孩。

"那天晚上,我和莉娅谈了谈:'他们想让你每天去特教班上几节课。他们说,你能在那里得到更多的帮助。你是怎么想的?'她看着我说:'爸爸,我觉得我需要一切的帮助。'听了她的话,我的心都碎了。"

看起来是在帮孩子,其实是在拯救自己

听完莉娅的那句"我觉得我需要一切的帮助",老加终于松了一口气——她终于被听见了。而若昂,也终于开始意识到,自己多年来的"帮助",或许并不是莉娅真正需要的。

"莉娅进了特教班后,我旁听了几次。"若昂说,"在我眼里,那些孩子像一群问题少年。我看着胃都翻腾,一年瘦了10公斤。最让我难以承受的,是别人家孩子一个比一个优秀,而我的孩子……有问题。我们渐渐疏远了朋友,我感到无比孤独。

"我是一名营销顾问,职业生涯就是在解决问题。但我却解决不了自己家的事。"

老加问:"那莉娅适应得怎么样?"

"她比我们适应得好。她拿着 5 分成绩回家,说:'爸爸你看!'可我一看,是个简单的填字游戏。我忍不住想,这算什么成绩?我只希望她早一点儿回到普通班。可学校说,她长期需要这类支持。那是我人生的最低谷。"

老加说:"你们有没有想过,也许这对她来说,是更好的安排?"

"没有。我和妻子撑了一年,最后连我们自己也快撑不住了,只能去做心理治疗。那时我们的婚姻几乎变成空壳,生活围着莉娅转,却谁也拯救不了谁。"

"第一次治疗时,心理医生看着我们说:'你们觉得,莉娅的一切问题,你们都该负责,对吗?'

"我当时心想,这人疯了。我说:'我们当然该负责,我们是她的父母。'我从小的信念就是:爸爸就是那个能解决一切问题的人。我爸就是那样的人。但轮到我当父亲,我怎么做都不够好,怎么努力都无法解决莉娅的问题。我感到彻底失败。"

老加静静地看着他,说:"也许你要面对一个事实:无论你做什么,都无法让莉娅'变正常'。"

若昂缓缓点头:"是,我终于接受了这个事实,虽然这对我的自尊是个打击。"

在心理医生的建议下,他和妻子加入了一个特殊儿童家庭互助小组。

"我本以为能从其他家长那儿学到如何'拯救'莉娅,结果他们告诉我:你们应该放手,让孩子自己面对问题。给她空间,别总替她解决。"

"这次你接受了吗?"

"刚开始很难。但慢慢地,我开始理解,我之所以控制莉娅,是因为我太需要她'正常'了。我需要她的优秀,来证明我这个父亲是合格的。看起来我是在为她好,其实我是在拼命拯救自己。

"我现在很喜欢去参加小组讨论。那些家长不一定都面临相同的问题,但我们都对孩子抱有不现实的期望。也正是在那里,我第一次学会了把'我的感受'和'莉娅的感受'分开。我一直以为她也觉得特教班羞耻,其实没有——她愿意为完成学业付出一切代价。"

若昂的语气柔和下来:"我终于明白了,莉娅是一个独立的人,不是我的附属。我以前那么想保护她,不是为了她的安稳,而是为了让我自己好过一点儿。"

案例分析

总想帮助孩子是一种执念

老加和老米告诉我:"**如果你发现一个孩子出现了问题,**

请去看看他的家庭，或许在整个家里，孩子是病得最轻的那一个。"

莉娅的情况就很好地说明了这一点。

莉娅的父母所经历的，是许多父母可能遇到的最困难的情形之一了：得知由于某种原因，自己的孩子永远无法像其他孩子那样正常地学习。任何父母，若被告知自己的孩子在身体、情感或智力方面，永远也无法像"正常"的孩子那样发展，都能对莉娅父母的痛苦和愤怒感同身受。

若昂想帮助他的女儿——甚至治愈她——这成了一种执念。由于子女需要特殊帮助，像若昂这样的父母可能背负着巨大的内疚感。"我生了一个有缺陷的孩子"，这一想法让若昂无法忍受，多年来他一直不敢面对这件事。如果若昂允许莉娅进入特教班，莉娅的学习障碍就成了一个不容否认的事实，所以若昂不惜一切代价阻止这件事发生。

若昂的一再否认蒙蔽了自己的双眼。他忽视了一个重要的事实：莉娅需要特殊的帮助。再多的爱或父母的干预都无法改变这一点。而若昂自认为有意义的所有帮助——帮女儿做作业、和老师吵架、搬到新的社区——事实上，都造成了更严重的后果。虽然有些帮助能让孩子变得更坚强、更有能力，但若昂的帮助却助长了女儿的依赖性和不安全感。父母的固执中带着殷切的希望，而莉娅察觉到了这种希望，她将父母的焦虑内化于心。

为什么很多父母难以接受孩子的缺陷？因为他们把孩子视

为自己生命的延续，孩子一旦遇到麻烦，就会让父母觉得自己不够优秀甚至无能。若昂的父亲可以完美地解决一切家庭问题，父亲的身影一直萦绕在若昂的心头，使他错误地认为，自己也可以解决生活中的所有难题。然而，莉娅不断遭遇困难，使若昂的自尊心一落千丈。为了重获自尊，他过度干预女儿的生活。尽管他不曾意识到，但他努力让女儿留在普通班的"英勇壮举"，并非为了让莉娅得到她真正需要的东西，而是为了满足自己的需求和尚未实现的愿望。

其实，莉娅并不需要若昂的不断帮助和过度参与，她需要的，是鼓励她找到帮助自己的方法，以及父亲接受她的缺陷。

若昂和莉娅的情况看似特殊，实际上却具有普遍意义。很多人的孩子并没有面临着如莉娅那般严重的问题，但仍能与若昂产生共鸣，他们都想让孩子取得成就、出类拔萃，并会因此在孩子遇到困难时提供"帮助"。但如果"帮助"孩子成为父母的执念，父母就会背上焦虑和沮丧的包袱。

这些父母并非无知，他们中的许多人都对儿童心理学了如指掌。为了"帮助"子女，他们阅读了大量的书籍。然而，想把理智上掌握的知识，运用到让自己产生强烈情感的事情上，却相当困难。父母其实也很挣扎，他们知道如果自己不再致力于解决孩子的麻烦，而是时不时地让孩子学习为自我负责，对彼此都会更好，但同时又觉得这种态度显得自己太残酷、冷漠了。于是，父母想着：我再帮孩子一次吧，就这一次。就这样，帮了一次又一次。

这类家长对"困难"定义得很宽泛。孩子可能遭遇了重大的学业挫折、得了疾病、依赖于药物，或者陷入抑郁。但孩子也可能只是长胖了 3 公斤、头疼得厉害，或者找了个不够稳定理想的男朋友。不论问题是否严重，家长对它们的反应都那么强烈。

困扰这些父母的问题，往往不过是孩子没有达到他们的期望。即使"孩子"已经步入中年，但父母仍认为，自己比孩子更了解其真正需要的是什么。最糟的情况是，他们会像个受气包一样，对孩子唠唠叨叨、训斥责骂，因自己提出的建议未受重视而内心不满。由于他们坚信，自己对孩子的生活和麻烦负有重大责任，所以孩子几乎感受不到自己负有任何责任。

孩子与父母的"互赖症"

20 世纪 70 年代，研究酒精和药物成瘾的学者发现一个特别的群体：他们自己没有上瘾，却因为身边的亲人酗酒或吸毒而身心俱疲。于是，"依赖助成者"这个词被提出，用来形容那些因过度卷入他人问题而深受困扰的人。

心理作家梅洛迪·贝蒂在她的畅销书《超然独立的爱》中，把这个概念拓展为："任何一个因他人的行为受影响，并执着于控制、拯救对方的人。"

简单来说，这类人太容易"被他人的问题绑架"，尤其当那个"他人"是我们深爱的家人时。

贝蒂总结了一组典型症状：

爱得太多的父母

- 总是抢在对方开口前，就预判并满足对方的需求。
- 把"付出"当作存在价值。
- 认为对方的情绪、命运，自己要负责。
- 别人有困难，比当事人还焦虑。
- 一旦无法帮到对方，会自责、愤怒、焦虑。
- 经常替对方做本可以自己完成的事。
- 很少关注自己。
- 放弃社交圈，把时间全给对方。
- 哪怕现实已经很糟糕，也执意否认。

老加说，他们会发现，这些特征，跟"爱得太多的父母"如出一辙。

比如：

- 总在孩子开口前就知道："你是不是饿了？"
- 孩子一遇到麻烦，就焦虑到整夜睡不着。
- 把自己的梦想、兴趣、社交全搁置，只围着孩子转。
- 替孩子写作业、安排时间、帮他交朋友。
- 孩子明明很痛苦，父母却以一句"他很好，只是累了"来回避现实。

这些父母看似在爱孩子，其实是"被孩子的人生绑架"，也让孩子失去了成长的机会。在心理学上,这叫互赖症——父母和孩子彼此过度依赖,无法分清界限。表面上是爱,实则是一种困住彼此的关系。

孩子不是靠"帮"才能成长,而是靠"放"——

- 小麻烦让他自己摸索,大问题再介入。
- 允许他犯错,才能锻炼责任感。
- 接受孩子的局限,而不是用幻想拼命掩盖现实。

很多时候,我们不是不爱孩子,而是爱得太急、太重,重到让孩子喘不过气来,也让自己心力交瘁。真正成熟的爱,是站在旁边,相信他,而不是扑上去,替他完成。

第三部分

童年补偿型家庭

我们必须认识到,
出于母爱/父爱以及想满足孩子的需要而给予,
与出于自己的需要而过度补偿之间是不同的。
后一种情况下,
任何一方的需求都得不到真正的满足。
事实上,
没有任何一种关系可以成为解药,
解药只能来自我们自身。

第九章

奉献型妈妈 &
不懂感恩的儿子

案例9　总是为别人而活的贝伦

贝伦的眼神中透露出深深的绝望与疲惫。她50多岁，头发随意而凌乱，整个人佝偻着坐在沙发上。

我不想让我的孩子为钱发愁

"我成长于一个单亲家庭。父母在我很小的时候就离婚了，我对这件事几乎没有什么记忆。爸爸从没给过抚养费，妈妈不得不全职工作来养活我们。她每天回家时都精疲力竭，常常对我们说：'如果我不工作，你们就没饭吃，没地方住。'她总是抱怨没人会娶一个带着四个孩子的女人，常常对我们说：'我应该把你们都送给别人收养！'我拼命地讨好她，但她还是经常责骂我。我从没感受到安全感。

"因为妈妈，9岁的我就得提前当个大人。妈妈要求我每天放学后直接回家，不允许我和同学们一起玩，也不允许我邀请他们来家里。每天，我都得扮演母亲的角色，照顾弟弟妹妹们，做晚饭、摆餐具、监督他们做作业。"

"这确实是一个很辛苦的童年。"老加同情地说道。

贝伦感激地点点头："是的。正因如此，我格外希望自己的孩子拥有完整的童年。我下定决心，永远不让我的孩子为钱发愁。我希望他们拥有安全感，不要重蹈我成长过程中的覆辙。我的孩子们一定要过着无忧无虑的美好生活。

"回想起来，这就是我做每件事的初衷。这一切都源于我自身不完整的童年。我在养育自己的孩子时，走向了另外一个极端——我给了孩子们一切，不仅包括他们需要的，还有他们能得到的。

"迭戈小的时候，我们给他买了一套火车玩具，玩具占满了整个地下室。那套玩具花了500欧元，而他才4岁。迭戈还是婴儿时，就拥有了自己的意大利定制小西服。每次他过生日，我们都会请小丑和乐师来表演。我现在再看那些派对的照片，会禁不住暗叹，天哪，那都是些什么呀？"说到这里，贝伦自嘲地笑了。

"这还只是学龄前。他上学后，我做得更多。我经历了很多家长一生都不会经历的事情。迭戈从上学的第一天起就遇到了麻烦。班里一个老师要负责30个孩子，而不是像幼儿园那样，一个老师只负责9个孩子，他得不到老师太多的关注，所以很不适应。于是，从那时起，我就开始忙着给他找心理医生。"

"心理医生?"老加有些惊讶,"他遇到了很严重的问题吗?"

"倒也没有特别严重,但他确实遇到了一些困难。我第一时间带他做了检查。事实上,我不断地带他做检查,想确保他一切正常。"

"或许,你只是试图找出你认为的问题所在。"

贝伦点头道:"您说得没错,但我当时并不明白这一点。我雇了阅读专家、数学专家、心理治疗师,以及任何专家认为他需要的所有专业人士。我在这些方面帮不了迭戈,但我总觉得自己可以通过花钱买到别人的能力,然后将这些转化为我对迭戈的帮助。您可能会觉得,有这么多专家在家里为迭戈忙前忙后,我能轻松一些,但实际上,我花了大量的时间和精力为他安排这些事情。我所有的时间都花在送他去上课、看心理治疗师、找家教辅导功课上面,还得随叫随到。"

我的童年不完整,孩子的童年必须完美

贝伦的话让老加倒吸一口凉气:"您付出这么多,只是为了确保他有一个'完整的童年'吗?"

贝伦有些不好意思,勉强冲我挤出一丝笑容:"我承认,我想要的不仅仅是这些。我一直认为,迭戈不仅是我的第一个孩子,还是家里的长孙,他理应得到一切。我和大多数母亲一样,希望孩子出人头地。如果他拥有了一切,那么他就没有理由不成功吧。我曾对他说:'你拥有了这么多——游泳、骑马、

美好的假期、家教、保姆，至少你得比别人优秀吧。'但迭戈并没有。他在学校的表现一直都很糟糕。一开始，我坚信是老师的问题。为此我多次向他的老师抱怨，说他们不理解他，认为这是老师的失职。在每一次抱怨后，我都会重新请一位家教。

"现在我才意识到，我对迭戈的期望，其实更多是对自己的期望。我对自己有着严苛的期望——做一名完美的父母。完美的父母养育出的孩子也应该是完美的。所以我相信，只要自己不断付出，就能培养出完美的小孩。

"在迭戈的成长过程中，作为父母，我觉得我们非常支持他，这方面我们做得很好。迭戈从来都没有独处过，他只需打个响指，就会有人出现在他面前，甚至连自己的玩具掉地上了都不用自己捡。我丈夫不能忍受回到家看见满地的玩具，所以在迭戈小时候，我会帮他捡玩具。等他长大了，就由女佣负责捡玩具。我丈夫不喜欢孩子们在餐桌上吵闹，所以在他回家前，我已经让孩子们吃完饭，安静地去玩了。我总是努力让每个人都过得更好。"

"能不能说说你和你丈夫的关系？听起来，你丈夫似乎是个很在意秩序的人。"

贝伦犹豫了一下，说道："其实，我和我的丈夫从来没有交流过如何做父母，也从没聊过我们对孩子的期望。我们的婚姻并不美满，我甚至不确定他是否想要孩子。在教育孩子方面，他参与的比我少得多，我们在沟通上存在很多问题。我们从没讨论过彼此的价值观，以及想给孩子灌输的东西，我们也从没学过如何做父母，或者和任何人讨论过这个话题。我们只是在心里默想，我们过得很好，孩子们似乎也过得很好，所以没什么问题。"

老加顿时对眼前的这个女人生出了同情，她的童年并不幸福，而婚姻中也没有人在意过她的感受。然而，让老加没想到的是，这还并不是贝伦需要面对的最艰难的局面。

付出了，但也受够了

"尽管养育迭戈很辛苦，但那却是我生活最充实的日子。迭戈参加体验赛的时候，我总是站在场边为他加油。我只想让他过得快乐，竭尽全力为他排忧解难。可即便这样，迭戈始终没有找到真正的自己。相反，他变得越来越骄纵、粗鲁、懒惰。"

"也许，正因为你之前为他做得太多了，所以他从没产生过清晰的自我意识，缺乏自信。"

贝伦艰难地点了点头："您说的或许是事实，我也有这种猜测，但对这一点，我却始终无法理解。很多人都说我是个了不起的母亲，我相信大家是真心这么认为，可我却付出了沉重的代价。上个月，迭戈从他读的第四所大学退学了。这学期剩下的时间里，他打算窝在家里什么也不干——他以前也这样做过。我将自己的时间、精力和金钱都花在了迭戈身上，却从未得到过感激。他已经23岁了，总得有人先喊停。最终，我不得不把他赶出家门。"

从贝伦的表情中，我能清晰地感受到她的难过，将自己最心爱的孩子赶出家门，对父母造成的打击往往比孩子更大。这不仅宣布了自己多年来教育上的失败，也预示着亲子关系的破裂。

"也许这很残忍，但我已经受够了。我觉得自己一直在付出、付出、付出，已经掏空了身心。我累了，心力交瘁。"贝伦长叹了一口气。

"那你现在对迭戈是什么感受？失望，还是难过？"

"可能都有一些，但如果说最强烈的，可能是厌恶。我不喜欢我的儿子，不喜欢他现在的样子，不喜欢他的自暴自弃。如果他不是我的儿子，我根本不会答理他。他事事都找捷径、抽烟、暴饮暴食、对人生没有目标，他认为我和他爸爸会一直照顾他。大多数时候，他都让人讨厌，他对所有人都抱有不切实际的期望——不光对我们，还有他自己的朋友们。我觉得迭戈生活在梦里，现实世界对他来说太残酷了，没人会像父母那样优待他。"

贝伦的话，让老加感觉到触动。她道出了爱得过多的父母背后的一些真相。人们通常以为，这些父母对自己给孩子造成的影响全然不知，但实际上，他们中的很多人就像贝伦一样，很清楚孩子性格中的缺陷，也能看清孩子在各种关系中的困境。但是，他们也明白，这些问题的形成并非一朝一夕，改变起来只会更加艰难。

爱得太多的父母

"你知道吗,我见过很多父母,他们并非人人都像你这样,能看到孩子面临的真实问题。"老加说道。

贝伦苦笑了一下:"现在我可以冷静地说出这一切了,但当初让我说出赶儿子离开的话,真的十分不容易。说出那句话的时候,我可没现在这么坚强。我其实说不清,我和他到底是谁更离不开谁。记得第一次看到小小的迭戈跑去邻居家玩时,我流泪了,怕他再也不需要我了,因为'他需要我'这一点对我很重要。但最近,我寻求到了专业的帮助,在心理治疗中我找到了自己,也因此改变了现状。我意识到自己也有需求。我想一觉睡到天亮,不再为迭戈操心。我不想余生都为他服务,而他却把我当成用人。作为过来人,我想对那些即将走上歧路的家长们说:这条路行不通。

"我无法回到过去,重启人生了。但我还是希望能找到办法,扭转一部分局面。现在,我和迭戈已经基本脱离了母子关系,这让我很痛苦,但我还是试着坚强地面对它。如果可能的话,我愿意和他成为朋友。但有一点我可以肯定:要想做朋友,迭戈和我都必须拿出和现在完全不同的态度。"

案例分析

过度弥补童年的养育

贝伦的故事令人感慨,她一生都在为他人付出,但得到的回报却少得可怜。老米说："如果我们一再奉献，却既无益于他人，也无法令自己从中获得满足感，我们就必须重新审视自己的付出，以及隐藏的真正原因。"

贝伦从未拥有过一个完整的童年，母亲的冷漠让她感到忽视和深深的伤害。成年后，她内心充满了空虚，却又对美好生活满怀憧憬。她试图通过对儿子的过度付出，来弥补自己童年缺失的爱与关怀。她希望做一个完美的父母，以此来治愈自己内心的创伤，消除儿时受虐待所带来的痛苦。

遗憾的是，贝伦的需求在其亲手创建的家庭中依然得不到满足，这绝非巧合。贝伦受自己内心的驱使，在成年后，不自觉地重现了童年的处境。家庭经历影响着我们的人生轨迹，以及我们会成为怎样的父母。许多人为了获得打翻身仗的机会，总在不知不觉里重复过去的模式。尽管环境和参与者改变了，但剧本还是一样的。

贝伦延续了自己童年时无私奉献的角色，照顾那些把她的付出视为理所当然的人。贝伦多年的付出从未得到过回报，也未曾赢得过他人的尊重，这使她的自尊心动摇了。她接受了丈夫在育儿上的缺席——丈夫不喜欢家里有任何凌乱或不完美，贝伦压抑了自己对丈夫的不满。她还接受了迭戈日益严重的不负责任和令人讨厌的行为，甚至更加努力地付出，希望能改变这一切。正如她曾经希望把自己的母亲改变成一个充满爱意和支持的母亲形象一样。

贝伦最渴望的是成为完美的父母，以此增强其自尊心。然而，她对迭戈母亲的角色缺乏信心。她从来没有学会信任自己，所以不断地请专家和帮手来教育儿子，试图解决她认为自己无法解决的问题。她把自我价值建立在能否为迭戈找到合适的帮助上，并为此奔波劳累。可她付出的一切，都无法真正帮到儿子，自尊心也因此一落千丈。但这对她来说，已不是什么新鲜事了，她甚至早已预料到这种结果。正如贝伦童年时的付出，似乎也未能改变家庭状况一样。

满足自己需求和满足孩子需求之间的区别

我们常常认为，只要自己倾尽全力扮演好父母的角色，就一定不会失败。可为什么我们的付出却常常导致子女不懂得感恩，甚至变得闷闷不乐、不负责任、粗鲁无礼？这不仅仅是我们把他们宠坏了这种简单的结论能解释得了的。

贝伦控制了儿子生活的方方面面，导致儿子感觉自己对人生失去了掌控权。他没有独立解决问题的经验，也缺乏应对挫折的能力。他得到的情感支持越多，就越需要依赖他人的关注。成年后，他依然像婴儿一样依赖父母，缺乏自主能力。这种现象并非个例，而是一种普遍结果。若孩子从父母那儿得到过多的财物、照顾和关注时，他们会怀疑：难道父母认为我无法独立吗？而这正是孩子产生不安全感的开端。

子女往往厌恶父母为自己做出牺牲，这让我们大受伤害。然而，这并不是因为他们内心麻木，相反，他们内心相当敏感。他们察觉到了我们慷慨馈赠背后的动机——这些动机潜藏在我们的潜意识里，连我们自己都难以捕捉到。如果我们像贝伦一样，不断付出直至精疲力竭，往往是因为我们觉得只有这样做，别人才会接受我们，或与我们维持关系。我们担心，一旦停止付出，子女就不会再爱我们了。之所以这么认为，是因为我们对自身的价值——对自己——缺乏信心。在内心深处，我们担心自己缺乏做一个好父母的必要条件。如果我们不拿出自我牺牲的高姿态，孩子、配偶、邻居、父母都会看穿我们的不足。我们给予孩子的，并不是他们真正需要的东西，而是我们认为能掩盖自身缺陷的东西。因此，我们的生活以孩子为中心，容忍他们的不逊，一再付出。

我们源源不断地付出，耗尽了自己，也耗光了钱财，更让别人觉得我们过度投入了。但事实上，我们投入得并不够。我们不敢冒险在孩子面前做自己，不敢让他们在接受馈赠之余，看到真实的我们。我们不相信他们会爱真实的我们。我们不停地付出，因孩子的忘恩负义而伤心欲绝，却从未想过，他们察觉到了我们无意识里的动机——被人需要、对自己的缺点视而不见、让别人欠下人情债。由于子女认为，我们的给予并非出自真心，而是在操纵人心，他们最终会反感我们给予的一切。

考虑到我们对自己父母身份的期望，以及我们想要的一切回报，不难理解为何我们过于爱孩子、为孩子付出过多了。若我们的需求不是如此强烈，在看到这一切对长大成人的孩子造成的影响时，在看到他们无法给予我们相应的回报时，我们就会停止付出。

爱得太多的父母

我们必须认识到，出于母爱（父爱）以及想满足孩子的需要而给予，与出于自己的需要而过度补偿之间是不同的。后一种情况下，任何一方的需求都得不到真正的满足。困扰我们半生的痛苦、困境和悲伤，无法在子女那里得到救赎。事实上，没有任何一种关系可以成为解药，解药只能来自我们自身。过度付出、过分关注成年子女的生活和困扰，会分散我们的注意力，使我们无法关注自己。我们把注意力放在孩子的成就和成绩之上，希望以此满足自己内心深处的需求。我们用自己的爱和需求深深地伤害了孩子。我们接过子女自身的责任，有意识地想要"解决"他们生活中的所有难题，给予他们本可以靠自己就能获得的东西，从而培养出了从不认为自己要为自己负责的孩子。他们没能培养出自立意识，而是学会了对他人寄予厚望，为自己无法回报找借口。他们成人后不知所措、徘徊不前，对自己的人生不满意，认为自己理应站在更高的起跑线上，所以心怀怨恨。

对子女付出过多只能适得其反。只有当我们像贝伦一样，最终醒悟到"够了""自己的幸福和子女的一样重要""子女应该掌控自己的生活，而不是依赖我们"之后，才会停止过度付出。孩子不再依赖父母后，可以过得很好。而我们把注意力集中在自身和自身的需要上以后，也可以过得很好。在我们忍不住重蹈覆辙前，可以停一下，问自己以下几个问题：

· 孩子的困扰是否把我的注意力从自身的痛苦和内疚感上分

散了？
- 我给孩子的是他们真正需要的，还是我认为他们应该拥有的？
- 我是否不敢要求任何回报？我是否怀疑过自己是否值得回报？
- 我娇惯孩子，是否因为我从与孩子的共鸣里，获得了替代性满足？换句话说，我溺爱的其实是自己？
- 我是否乐于教导孩子向别人索取，而不是自己创造满足感？

通过反思这些问题，我们可以更好地平衡满足自己需求和满足孩子需求之间的关系，从而避免过度付出带来的负面影响。

第十章

控制孩子的父母&
用食物夺回控制权的孩子

案例10　因体重被抛弃的桑德拉

桑德拉是一名 25 岁的行政助理,她因无法忍受自己名存实亡的婚姻,沉溺在暴饮暴食和节食的循环中,无法自拔。

我感觉自己终于自由了

在桑德拉的成长过程中,家庭环境充满了过度干涉与缺乏隐私的氛围。家里每个人都会偷听彼此的私密对话,不敲门就鲁莽地闯进紧闭的房门。桑德拉坦言:"甚至在浴室里,你都不能指望有任何隐私。在你洗澡甚至上厕所的时候,都可能有人随随便便地闯进来。我的感受也从来不属于我自己。我是家里最小的孩子,每当我有任何见解,就会有四个人站在那里对我指手画脚,并告诉我,为什么我应该改变看法。我还不如什么都不说。"

家人永不停歇的关注和建议，贯穿了桑德拉的整个青少年时期。那种密不透风的"爱"，几乎要将她完全吞没。她觉得自己快要窒息了，渴望逃离这种控制。于是在 19 岁时，为了摆脱父母的掌控，桑德拉嫁给了安东尼。

"我一生中，一直有人站在身后，告诉我该做什么和如何去做。但安东尼不会一直揪住我的言语不放，也不会过多干涉我的生活，这从一开始就深深地吸引了我。他比我大 10 岁，这点也让我兴奋不已。和他相比，我之前的男朋友都太幼稚了。"

安东尼是一名事业有成的房地产会计师。虽然桑德拉在嫁给安东尼之前就知道他工作时间长，出差频繁，但婚后，安东尼因工作而无法陪伴她的时间之多，还是让她感到惊讶。安东尼很少在家，即使回家，他也总是精疲力竭地早早上床睡觉，留下桑德拉一个人。

"我不知道该怎么办。我不习惯被一个声称爱我的人忽视。我不知道该如何提出要求，让别人给我更多的关注，或者至少对我正在做的事表现出一点儿兴趣。我一生中的大部分时间都在躲避那些对我太感兴趣、太打扰我的人。那种'爱'太满了，满到我没有自己的空间，没有自己的声音。所以我独自生闷气，做出被拒绝后受伤的样子，希望安东尼能明白我的意思。但他从没注意到过。"

比起男人，美食更能带来持久的安慰

无数个夜晚，桑德拉独自一人坐在电视机前，与黄油爆

米花或哈根达斯为伴,思绪纷乱:"以前我只是略微超重,但婚后,我开始发胖了。我听说很多女人在结婚的第一年,都会胖上5公斤,所以我只是一笑了之,告诉朋友们这是'幸福肥'。"

桑德拉清楚地记得她第一次暴饮暴食的情景。一天早上,她在办公室里突然很想安东尼,便拨通了他办公室的电话。秘书花了整整10分钟才找到他。在他终于接起电话后,声音听起来疲惫又烦躁。桑德拉慌乱地编了个周末订餐厅的借口,匆匆挂断了电话。

桑德拉回忆道:"挂断电话之后,我坐在办公桌前,幻想着午休那会儿打车去安东尼的办公室,给他一个惊喜。我想象自己优雅地走进他的办公室,让秘书把他从某个重要会议里叫出来。他微笑地走出来,伸出胳膊搂着我,骄傲地把我介绍给在场的每一个人,然后带我去某个浪漫的地方,边吃午餐边愉快地聊天儿。想着想着,我竟然在办公桌前哭了起来。因为我清楚地知道,安东尼永远不会这么做。如果我贸然去他办公室,只会换来他的怒火。"

桑德拉擦干眼泪,继续工作。她觉得自己很幼稚,明明有一个好丈夫和美满的生活,还要奢望什么呢?

然而,那天晚上,桑德拉站在厨房里,望着空荡荡的公寓,一股难以抑制的饥饿感突然袭来:"我吃掉了原本准备带给妈妈的一整个蛋糕,从一端吃到另一端。接着又吞下了一整盒冰激凌。我的胃已经撑得难受,但嘴巴却停不下来。"

"现在回想起来,我明白那天的暴食是因为和安东尼之间的问题。但当时我完全意识不到这种联系。我只知道,吃完后我的心情确实好多了。"

桑德拉从没跟安东尼说过她对婚姻的真实感受。由于伤得太深,桑德拉学会了压抑自己的痛苦。强迫性暴食成了她的日常,体重也迅速增加。"我满脑子都是食物,仿佛着了魔一样。每周一我都发誓要节食,但到周三就放弃了。"

几个月后,安东尼告诉桑德拉,他不再爱她了,认为他们的婚姻就是个错误。桑德拉的情绪跌到了谷底。"他说他无法爱一个不爱自己、不能照顾好自己的人。那时我的体重已经超过了80公斤。我没有为离婚和他吵架。那天晚上,我在电话里一边向妈妈哭诉,一边大口大口地吃着罐头牛肉和土豆沙拉。我的内心深处有个声音在说:'好了,他终于走了,现在我不用再努力节食了。'多年之后,我才学会直面自己的感受,而不是用食物来麻痹自己。"

案例分析

食物,逃避现实的亲密伙伴

老加靠在椅背上,慢慢地搅着杯中的浓咖啡,语气像是在说一个他早已看穿的秘密:"你知道吗,很多人其实是在用食物回避自己的真实感受。吃东西的时候,不需要袒露脆弱,就能获得安慰；不用付出，就能得到'亲密感'；还不会被拒绝，更不会被抛弃。"

他抬起头，目光平静却穿透人心："这是一种很特别的关系——人类和食物之间，悄无声息，却默契十足。可惜的是，这种依赖往往不只是嘴馋那么简单，它背后藏着的，常常是我们来不及面对的情绪和空洞。"

当一个人沉迷于食物、体重、节食时，往往会忽略生活中更重要的问题：我对现在的生活满意吗？这是我真正想要的吗？我还爱我的伴侣吗？他/她爱我吗？我的感受对他/她来说还重要吗？如果我向他/她倾诉，他/她会认真倾听吗？这些问题可能会引发我们不愿面对的情感，因此我们宁愿用食物来麻痹自己，而不是直面这些复杂的情绪。

相比之下，食物、节食和体重等问题，要比我们对婚姻、事业、友谊以及生活中的复杂问题容易掌控得多。然而，这种逃避并不能真正解决问题，反而可能让情感困境更加深重。

若我们在童年时，像桑德拉一样被灌输了这样的观念：自己的感受不像别人的那样合理，我们就会想方设法压抑或麻木自己，或将感受拒之门外。其他家庭成员总是对桑德拉的感受指手画脚，她的意见不被重视，有时甚至遭到嘲笑。因此，她学会了隐藏自己的真实感受，认为这样做是保护自己的最佳方式。

然而，再没有比给自己的感受设限更让人沮丧的了。无论是强迫性进食还是强迫性节食，都是用来回避情感的方式。这两种行为都属于对食物的沉迷，它们表达了我们内心深处的伤害、愤怒、内疚、焦虑等情绪，尽管我们可能并未意识到这些情绪的存在。

在成长过程中，父母的无意识需求深深影响着我们。即使成年后，我们仍然倾向于按照他们的期望行事，成为他们希望我们成为的人。父母常常告诉我们，我们的感受"应该"是怎样的：

- "你不饿是什么意思？你一定饿了，快吃！"
- "冷静点，别那么激动！"
- "那不是你的错，你却内疚了，真傻。"
- "你怎么能说你不累呢？去躺下吧，你累坏了。"
- "别这么伤心，真的没什么大不了的。"
- "别对我大喊大叫。有教养的孩子不会发脾气。"

这些话语让我们学会了区分"可以接受"和"不可接受"的情绪。如果我们表现出愤怒，家人可能会感到不安；而如果我们展露脆弱，父母可能会失控。尽管父母没有明确告诉我们哪些情绪是可以表达的，哪些是不可以的，但我们从他们的反应中得到了明确的信息。我们深爱父母，但也生活在恐惧中，害怕失去他们的爱和认可。因此，我们学会了隐藏感受，以保护自己免受批评和伤害。

尽管我们已经不再是孩子，但童年的经历依然深深影响着我们。我们无法抹去父母的声音，也无法摆脱那种"我的感受有问题"的潜意识。情绪不会凭空消失，也无法被强行从脑海中移除。我们唯一能做的，就是选择表达它们，或者继续压抑。

沉溺于食物、节食和体重问题，成为一种间接表达情感的方式。通过这种方式，我们可以隐晦地表达伤害、愤怒、内疚、焦虑等情绪，而不必直接面对它们。这种方式似乎更容易被接受，但它并不能真正解决问题，反而可能让我们陷入更深的困境。

她渴望的不是食物，而是爱

不正常的饮食习惯，往往是内在问题的显现。一旦排除生理原因，这些行为通常表明我们的情感需求没有得到满足。我们用食物来填补情绪的空缺，代替那些我们无法用更健康的方式表达或实现的东西。

对那些成长在父母过度关爱之下的孩子来说，童年经历中积压的情绪冲突往往无处排解，食物便成了他们的救命稻草。他们通过食物实现各种潜在的心理目的：

用食物逃避情绪

直面情绪是痛苦的，而回避要容易得多。许多人从小就学会了将真实情感伪装成"得体"的样子，尤其是在为了满足父母期待时。我们不愿因愤怒或脆弱而冒犯他人，于是食欲成了最安全的情绪出口。吃东西能带来短暂的安慰,但长远来看,只有直面感受,才能真正疗愈自己。

用进食回避冲突

在父母过于关心孩子的一举一动、情绪起伏时,孩子很难分清哪些是自己的感受,哪些是父母的投射。我们一旦表现出不高兴,父母便急着安抚或转移注意力,比如:"宝贝,出去走走就会好了。"他们并不鼓励我们表达不满,反而教会我们:情绪没有价值,冲突没有意义。久而久之,我们学会了沉默。当面对亲密关系中的冲突时,我们把情绪吞下,转而找食物发泄。

用节食或暴食对抗焦虑

过度关注孩子的父母,常常对他们寄予厚望。孩子努力满足父母的期待,长期活在焦虑中。当这种压力积聚到难以承受的地步时,食物成了他们调节焦虑的工具——或吃,或不吃。控制体重让他们产生一种虚假的掌控感,仿佛生活终于可以由自己说了算。他们不断揣测别人的想法,努力迎合外界期待,逐渐迷失了自己的判断标准。"我不够好"变成了"我不够瘦",对食物的痴迷,成了逃避真正问题的伪装。

用身体对抗控制

如果父母对孩子的爱过于沉重、干涉过深,孩子常常会通过身体来进行反抗——不是嘴上对抗,而是通过饮食行为表达

"不服"。他们不吃，或猛吃，不是为了体重，而是在说："我才不要做你们期待的、完美的孩子。"但对他们而言，真正的目标不是控制或放纵，而是掌控人生。可惜，在高度保护和控制的家庭中，他们往往连选择的自由都没有，于是只好从"吃"这件小事上找回一点点儿权利感。

用进食成为家里的焦点

21岁的奥罗拉深陷饮食困扰。她每天醒来都会问自己："我今天能像个正常人那样吃东西吗？"小时候她一直很瘦，但上高中后开始发胖。母亲四处带她减肥，逼她节食、上健身课、住进特训营。奥罗拉的姐姐长期患病，父母的注意力都在姐姐身上。奥罗拉感到被忽视，于是用暴食吸引父母的注意。

用食物安慰自己

有些父母将食物视为爱的代名词。从孩子出生起，他们用喂食回应一切情绪，而不是试图理解孩子真正的需求。婴儿哭泣时，他们不是判断孩子是冷了、累了，还是孤独，而是默认他饿了。久而久之，孩子长大后，常常把一切情绪误认为饥饿。当我们感到孤独、疲惫、不被爱时，第一反应是吃东西。正如一位女性说的："冰激凌就像在肚子里拥抱了我。"

用食物逃避亲密

亲密关系让人恐惧，尤其是那些在童年被"爱得过多"的人。他们担心亲密关系会像父母那样入侵自己、要求过多、控制一切。食物则不一样——它不会离开，不会批评，也不会要求。于是我们把处理情绪的能量都转移到了食物上，而不是亲密关系中。我们告诉自己："只要瘦下来，一切都会好起来。"却从不敢面对更深的恐惧：如果我瘦了，也没有人真正爱我，那该怎么办？

用食物缓解内疚

有些父母擅长制造内疚："我为你牺牲这么多，你却……"这种内疚像无形的绳索，一直勒在孩子心上。我们用进食来缓解自责与焦虑，仿佛吃东西就是一种"行动"。可吃完之后，我们更自责、更厌恶自己，于是又吃。这是一个内疚驱动的恶性循环。

用饮食计划掩盖混乱

"我应该去运动、看书、找工作、交朋友……"但面对这些目标，我们常常瘫在原地，无从下手。相比之下，计划饮食、计算卡路里、研究减肥方法，成了我们生活中最可控、最有结构感的部分。在一团混乱的人生中，饮食成了唯一还能掌握的"秩序感"。

用体重反抗"完美形象"

有些父母执着于孩子的外表与表现，他们把孩子视为自己形象的延伸。孩子不完美，父母就觉得自己失败。当我们难以正面反抗父母的控制时，就转而通过身体传达抗议。过胖或过瘦，都是在说："我不是你眼中的样子。"

用进食拖延长大

长大意味着离开，而那些被父母过度照顾的孩子，最怕的就是离开。他们沉迷于节食、暴食、催吐、体重波动，表面看是身体问题，实则是一种情感依赖的延续。"只要我还有问题，父母就不会抛下我。"这是他们潜意识中的逻辑。父母继续为他们担心、花钱、操心，他们也继续依赖父母，从生活琐碎到生死大事。这并不是说父母"希望他们有病"，但确实有一种无形的模式在悄悄运作：只要我不够好，我就值得被留在他们身边。

认清需求，让食物回归本质

如果你意识到自己正在用食物来满足其他方式无法满足的需求，并且想要改变与食物之间不健康的关系，那么首先要做的，就是改善你与自己的关系。心理医生老加曾在我们的访谈中提出了以下几点建议：

1. 承认你无法独自解决这个问题

放弃"下次节食一定能成功"或"明天开始不再催吐"的希望。饮食失调是一种复杂的身心疾病，它会逐渐侵蚀你的生活、剥夺你的快乐、摧毁你的自尊，甚至让你失去内心的平静。承认问题的存在，是迈向康复的第一步。

2. 寻求专业帮助

如果你正与饮食失调症做斗争，任何减肥书籍都无法真正帮助你。这些书籍可能教会你如何控制饮食，但它们无法治愈饮食失调症。虽然你可能已经意识到过去的经历如何影响了现在的行为，但了解问题并不等于解决问题。饮食失调症需要专业的治疗和支持。

治愈抑郁、停止自我批评、消除内疚感或降低不切实际的期望值，虽然有助于改善你的状态，但它们并不能神奇地让你停止暴食或节食。真正的行动意味着你需要承认自己生病了，并下定决心改变那些习以为常的行为。这个过程既困难又令人沮丧，因此你需要来自他人的支持。可以考虑加入一些互助组织，这些团体能为你提供所需的支持和鼓励。

3. 识别真正的需求

当你感到强迫性进食的冲动，或发现自己被食物困扰时，停下来问问自己：我真正需要的是什么？饮食失调症的出现往往有其深层的原因，试着思考它对你意味着什么：

- 你在生气吗？除了吃东西，你还能做些什么来表达或处理这种情绪？

- 你是否感到无聊或不安？除了吃东西，你还能做些什么让生活变得更充实、更有趣？
- 你是否仍在反抗父母的高期望？你如何摆脱这种束缚，为自己的人生设定方向？
- 你是否用体重问题来逃避亲密关系？亲密关系虽然令人害怕，但它远比与食物和体重的斗争更有意义。

了解自己的感受和需求，能让你更好地掌控自己的生活，并为你提供更多的选择。一旦你认识到自己沉迷于食物背后的原因，你就有能力选择其他更健康的方式来满足这些需求，而不是依赖食物。

4. 警惕"依赖助成者"

"依赖助成者"是指那些与我们的饮食问题密切相关的人，他们可能无意中阻碍了我们的康复。这些人通常是我们的父母或其他亲近的人，他们可能会替我们承担责任，阻止我们独立，而独立恰恰是康复的关键。

我们需要自己决定吃什么或不吃什么。如果我们允许别人过多地控制我们的饮食，我们就越难承认问题的根源在于自己。如果你的父母或其他亲近的人是"依赖助成者"，他们可能也需要帮助。你可以建议他们加入针对家属的互助团体，但最终能否坚持取决于他们自己。你们需要明确各自的界限，停止为对方承担责任，彻底解绑彼此的关系。

5. 重新定义与食物的关系

食物本应是滋养身体的工具，而不是情感的替代品。通过认清自己的需求，你可以逐步将食物从情感依赖中解放出来，让它回归其本质。

家庭教育专家老米也曾在访谈中提出了一些简单可行的日常行动建议：

- 记录情绪与饮食的关系：当你感到想吃东西时，记录下当时的情绪和情境。这能帮助你识别触发暴食或节食的情绪模式。
- 寻找替代活动：当你感到焦虑、无聊或愤怒时，尝试用其他活动来替代进食，比如散步、写日记、打电话给朋友或练习深呼吸。
- 设定小目标：不要试图一次性解决所有问题。可以先从每天多喝一杯水，或每周尝试一种新的健康食谱开始。
- 练习自我接纳：学会接纳自己的不完美，停止用体重或外表来定义自己的价值。你值得被爱和尊重，无论你的体形如何。

改变与食物的关系是一个漫长而艰难的过程，但它是值得的。通过认清自己的需求，寻求专业帮助，并逐步建立健康的生活习惯，你可以摆脱饮食失调的困扰，重新掌控自己的生活。

　　食物不应成为你情感的避风港，而应是滋养身心的工具。只有当你学会直面内心的感受，才能真正让食物回归其本质，找到内心的平静与自由。

第四部分

边界模糊的家庭

亲密不是占有，
也不是逃避，
而是在靠近中依然保有自己。

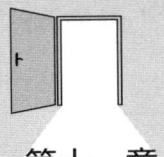

第十一章

缺乏边界感的母亲&
害怕被吞噬的儿子

案例11　感到窒息的安东尼奥

安东尼奥，38岁，一提到母亲，他就说："她让我窒息。"

从小到大，母亲像个殉道者一样围着他转，最初是照顾，后来变成了控制。他说："她的爱太近，近到让我无处可逃，连呼吸都觉得困难。"

在妈妈面前，我没有隐私

"你能具体说说，为什么觉得'窒息'吗？"老加问。

安东尼奥苦笑："我都38岁了，妈妈还在帮我买袜子和内裤。我从自己房间走去厕所，她都会喊一句：'小心点！'我上个厕所还能出啥事？她经常不打招呼就闯进我公寓，到处翻东西，问：'这哪儿买的？多少钱？'只要我开口，她就立刻能给我推荐更便宜的替代款。有一次，我甚至发现她在翻我的洗衣篮——她好像不觉得我有隐私这回事。"

从小到大,安东尼奥一直在和这种"爱的入侵"对抗。有时候他试图安抚母亲,但更多时候,他选择逃避。如果他闭口不谈自己的生活,母亲就会受伤又生气:"我为你付出这么多,你就不能哄我开心一下吗?"

他内心挣扎:"我知道她是爱我,但她的爱让我喘不过气来。我尽力想成为她满意的儿子,可她的需求总像个无底洞,我永远填不满。"

这些年来,他们的关系几乎没有任何改变。安东尼奥叹气:"她还把我当10岁的小孩儿。每次我说头疼,她就像上了发条——问我吃没吃药、吃的是哪种、对胃好不好、要不要去看医生……还讲她朋友老公得脑瘤的事,唯一症状也是头疼。我头一疼,她就开始吓我。"

他摇头:"我知道她是担心我。但这种'无微不至'已经变成了一种控制。我没法呼吸,也没法逃。"

从逃避母亲,到逃避所有女性

"你能说说你的女朋友吗?"

"她叫特雷莎,既漂亮又聪明,性格温和,愿意配合我的一切需求。但说实话,我从未真正爱过她……确切地说,是我故意不让自己爱上她。"

尽管特雷莎深爱他,渴望每周见面、建立更亲密的关系,安东尼奥却总是找理由逃避。他怕依赖,更怕情感靠得太近。

爱得太多的父母

"我喜欢她的顺从和体贴,也享受我们之间的身体关系,但……那就像在找一个温柔的避风港,而不是一个需要我全情投入的人。"

他曾试图结束这段关系,但最后还是回到她身边——不是因为爱,而是为了满足一时的情感和身体需要。

在心理咨询中,安东尼奥终于看清了这背后的逻辑:他把女性看成"需要照顾、情绪复杂、总在索求"的人,而这正是他小时候对母亲的印象。他害怕被女性依赖,不是因为她们做错了什么,而是因为他无法再承受一次"被控制、被情绪绑架"的经历。

"我不是逃避特雷莎,"他说,"我是逃避我妈的影子。"

母亲的爱曾将他包围得密不透风,久而久之,他对所有想靠近他的女性都产生了本能的戒备。他想要亲密,却又怕再次被吞噬。

案例分析

没有边界的爱,到底有多可怕

安东尼奥列出的"母亲清单"条目密密麻麻:为他买内裤、翻他的洗衣篮、不请自来的探访、刨根问底的电话……这些看似"关心"的行为,其实清晰勾勒出一个本质:母亲从不尊重他的边界。

第四部分　边界模糊的家庭

所谓"边界"，是人与人之间的心理和情感界线，是"你是你，我是我"的分隔带。婴儿时期，我们是与母亲共生的，毫无界限地依赖她，这是生命的起点。但成长的关键任务之一，就是逐步与父母分离，建立起独立的隐私感。我们的目标是在自己和他人之间构建健康的边界，既允许他人进入我们的生活，又不用担心失去自我。有了健康的边界，我们可以在需要他人关注的同时，不必担心被吞噬。我们可以爱别人，为别人付出，而不必担心他们变得极度依赖我们，以至于让我们感到窒息。

如果父母能够尊重我们的隐私，在养育和保护我们的同时，不让自己过度亲近子女的欲望将我们压垮，那么我们在成长过程中就不会担心被其他人困住、吞噬或侵犯个人空间。

然而，安东尼奥与母亲之间的边界感非常模糊，母亲不清楚自己应该止步于哪儿。她的过度保护让安东尼奥感到被侵犯。她频繁闯入安东尼奥的个人空间，甚至干涉他的私生活，这让安东尼奥感到被冒犯。母亲无法退让，也不允许安东尼奥以健康的方式与她分离，她始终试图维持与儿子的共生关系。

面对母亲的侵入，安东尼奥无法直接表达"你走远一点儿"，唯一能做的就是采取回避和冷漠的方式与母亲抗争。他试图用冷酷和粗鲁的态度来维护自己的边界，但这种方式并没有得到母亲的理解，反而加剧了他内心的矛盾和内疚。

更深的影响是：安东尼奥将这种窒息感投射到了所有女性身上。他潜意识里认定，"女人都像妈妈一样会控制我、吞噬我"，于是，在亲密关系中，他总是退缩。他不敢靠近，不敢投入，不敢爱。他以为自己在逃避特雷莎，其实是在逃避那种熟悉又令人窒息的关系。

没有边界的爱看似无私，实则侵蚀了一个人成为自己的机会。对安东尼奥来说，这份爱没有让他成长，反而让他倍感受伤。

我想被爱，但又怕被靠近

很多像安东尼奥一样从小被父母过度照顾的成年人，表面上渴望亲密，内心却害怕被靠近。对他们而言，别人的依赖不是温暖，而是一种威胁——让他们想起童年那种"被照顾、被控制、无处可逃"的感觉。

他们从未学会如何健康地去爱、去被爱。于是当伴侣表现出脆弱、表达情感需求时，他们会下意识地逃避。逃避行为反而激起对方更强烈的依赖和占有欲，使关系陷入"追与逃"的循环——越逃避，越被黏得紧；越被黏得紧，就越想逃。

安东尼奥就是这样。他的回避和冷漠，让特雷莎感到焦虑，她开始不断追问："我做错了什么？"而他的回应是更冷淡的沉默。两人的关系就像一根被拉紧的橡皮筋，终究会崩断。

他们不是不想爱，而是害怕一靠近就被吞噬。为了避免受伤，他们甚至选择看似"安全"的关系——比如远距离恋爱、无法真正亲近的人，或者感情投入极少的伴侣。

一位女士坦言，她一直只谈异地恋。她的男友住在巴黎，一年见一次，她却说："挺好哇，不靠得太近就不会被伤害。"这不是爱得洒脱，而是怕得克制。

这种"距离安全感"背后，藏着的是对真正亲密的恐惧。看似自由，实则孤独。**真正健康的亲密关系，需要我们带着勇气去靠近，也愿意承担一定的不确定性。那意味着你愿意在爱中暴露自己的脆弱，愿意为了连接，稍稍放下防备。**

亲密不是占有，也不是逃避，而是在靠近中依然保有自己。

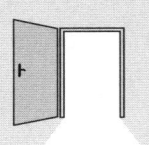

第十二章

挑剔未来女婿的父母&躺在妈妈怀里找丈夫的女儿

案例12　找不到结婚对象的卡罗尔

12月的一个周六早晨,卡罗尔走进本市最昂贵的健身俱乐部,准备参加一堂有氧踏板操课。为了支付这家健身房的高昂会费,她已经节食了好几个月,并推迟了买衣服、假期旅行等各种小欲望。她不是单纯来锻炼身体的,而是在试图维持一种状态——一个看起来"准备好被爱"的状态。她希望在这里能遇见那个迟迟未出现的"对的人"。

我一个人也能过得挺好

卡罗尔已经31岁了。朋友们总说:"别担心,婚姻总会在合适的时候出现。"但她越来越怀疑,这"合适的时候"究竟是何时。

她是一位受过高等教育的女性,拥有艺术学士和硕士学位，尤其擅长绘画。但在选择这条路之前，她其实并不知道自己真正想要什么。

"我对未来毫无头绪。高三那年，我曾一边原地转圈一边问自己：'我能做什么？我应该走哪条路？'最后，我向父母求助——我渴望有人告诉我答案。"

父母鼓励她选择有创造力的领域，但同时也说："女人结婚后反正迟早要放弃事业。"她最终主修了绘画，并试图将其转为职业。但现实并不理想，她的年收入从未超过6000欧元。幸运的是，父母从未间断对她的经济支持，甚至会买下她的画作，挂在家里客厅的显眼位置。

在22岁时，卡罗尔并不觉得婚姻是必需的。她享受一个人的自由，拥有属于自己的空间，也喜欢和不同类型的男性约会。她觉得婚姻像是一种牵绊，会剥夺生活的新鲜感和探索感。

然而，一切在某个夏日的周末改变了。那天，她在一场户外艺术节上展出自己的作品，并在那里遇到了保罗。

他不是"结婚的料"

保罗身材高大、外形迷人，一头金色的长发在阳光下闪着光。卡罗尔对他一见钟情，两人迅速坠入爱河。保罗风趣浪漫，送花、烛光晚餐、深夜长谈……对卡罗尔来说，那是童话般的时光。朋友们纷纷恭喜她，觉得她终于遇到了那个"对的人"。

爱得太多的父母

然而，热恋两年后，她还是选择了分手。保罗并非她"理想中的丈夫"——他事业不稳定，工作频繁变动。卡罗尔渐渐对他的未来感到不安："我想嫁给一个事业稳定、生活安稳的男人，而不是还在寻找方向的人。"

她的父母也不喜欢保罗。每次卡罗尔带保罗回家，母亲总会露出担忧的神情，说她"年纪越来越大了，不能浪费时间"。在这种潜移默化的暗示下，卡罗尔开始动摇。她爱保罗，却越来越挑剔他的"短板"，并下意识放大了这些问题。

他们开始争吵。卡罗尔希望他改变，但保罗觉得她期望太高。他坚信自己会成功，卡罗尔则逐渐失去了耐心与信任。最终，她申请了研究生课程，选择与保罗分手。

分手后，卡罗尔搬回了父母家。"那段时间，父母成了我的避风港。我把公寓租了出去，搬回了父母家。这是我父母的主意，他们觉得我课业繁忙，没时间照顾自己。他们让我自由决定何时搬来、何时搬走，我能看出他们真的很高兴我住回家里。我们的关系比以前更亲密了。"

研究生毕业后，父亲帮她进入一家公关公司。她对这份工作并不满意，便将注意力转向社交与恋爱，参加各种派对、相亲，试图寻找那个"事业有成又温柔体贴"的理想伴侣。然而，每段关系都不了了之。即使遇到条件不错的对象，她也总能挑出毛病——不够成熟、不够上进、不够懂她。

五年后的一天，她在餐厅偶遇前男友保罗和他的妻子。他已成为主流电台的宣传负责人，事业有起色，妻子温柔聪明，一家人其乐融融。她站在角落，心里五味杂陈。她曾坚信保罗不是"结婚的料"，可如今，他仿佛变成了当年她梦寐以求的样子。

案例分析

寻找一个十全十美的爱人

卡罗尔在寻找伴侣时非常挑剔，遇到的每个男人似乎都不符合她的理想标准。他们或许太胖、太矮、太傲慢，或过于敏感、无聊、无耻。即使与保罗相识时，他浪漫多情，几乎是她理想中的男人，但他在事业和收入方面的缺陷，让卡罗尔无法接受。尽管她深爱他，但她不会嫁给一个连自己都养不活、梦想成为DJ的男人。于是，她依然在寻找中不懈坚持，直到遇到真正的"命中注定"。

在《完美女人》一书中，科莱特·道林提到了一种"寻找闪亮的星"的现象。她认为，这种寻找不仅仅是找一个真正关心自己的人，而是在寻求一个十全十美的爱人。这种渴望往往源于深深的自卑，试图通过另一个人的完美来弥补自身的不足。道林指出：**那些追求完美伴侣的人，常常是在回避自己内心的不安和缺陷，把恋人当作填补空缺的工具。**

她写道："一个觉得自己不够好的女人，常常会想，'他能为我做什么？'"如果她认为对方能弥补她的不足，爱情就有可能随之而来。男性同样如此，他们也常在寻找一个"完美女人"，通过她来提升自尊，塑造更完美的形象。

被父母过度宠溺和养育的成年人，尤其容易成为这种"追星族"。因为从小缺乏自我意识和独立能力，他们急切地需要一个能弥补自己不足的人。

卡罗尔从小在父母的宠溺下成长，缺乏独立性。父母对她有着极高的期望，尤其是在择偶上，他们希望她能找到一个既能提供物质保障，又能照顾她的理想伴侣。他们对她说得最多的是："你很特别，你可以找到更好的人。"因此，卡罗尔的标准逐渐抬高，几乎没有男人能满足她的期望。她把保罗与父母的期望进行对比，认为他不符合这些标准。

虽然父母的行为是出于对卡罗尔的爱，但也掩盖着他们的恐惧。他们担心卡罗尔无法独立生活，尤其是在保罗选择成为收入不稳定的音乐DJ后，父母对她的未来更加焦虑。对过于爱孩子的父母来说，任何威胁到孩子幸福的因素都难以接受。卡罗尔的父母无法忍受她未来可能贫困潦倒，生怕她与他们在情感上分离。母亲通过隐晦地批评保罗，间接影响了卡罗尔的判断，让她开始质疑自己是否能够独立。

在父母的影响下，卡罗尔内化了他们的恐惧，开始相信自己无法独立生活。她渴望找到一个能完美填补她内心缺失的伴侣，减轻对未来的焦虑。她对爱情和婚姻的看法始终是希望找到一个能为她提供安全感和依赖的男人，而不是平等的伴侣或共同成长的机会。她的择偶标准偏向于寻找一个强大、富有、稳定的人，像父母一样全心照顾她。

因此，保罗在她的眼中并不符合这些标准。虽然他几经努力，最终找到了更适合自己的工作，但卡罗尔已经失去了耐心和信心。她无法相信保罗能在追求梦想的同时，兼顾现实生活。对卡罗尔来说，虽然经济因素是考虑婚姻的重要部分，但她仍然没有遇到一个能够平息她内心恐惧的男人。即便是富有的男人，她也无法真正信任他们，认为他们总有缺点。最终，她发现没有一个男人能符合她对未来的期望。

与其说找伴侣，不如说在找自己

我们一生都在期望和恐惧之间徘徊，但这些情感往往源自父母的幻想，而非现实。父母的期望逐渐成为我们自己的标准，潜移默化地影响着我们对伴侣的选择。无论是父母含蓄还是直接的建议，都让我们在选择伴侣时设定了许多理想化的标准，常常忽略质疑这些设定的合理性。

我们对伴侣的期望越来越高，往往不只是希望找到一个有发展潜力的人，而是要求对方几乎完美，能够完全依赖。为了寻求安全感，我们希望找到一个比自己更强大、无所不能的伴侣。这个标准让我们对身边的人产生挑剔，甚至一些看似合适的人也难以满足我们的苛刻要求。

例如，一位 36 岁的男士有一套严格的"筛选系统"，每个潜在伴侣都可能因一项小缺点而被淘汰。类似地，一位 30 岁的女性不断遇到理想中的"成熟、富有"的男人，但总觉得缺乏"火花"。她理想中的伴侣不仅要经济稳定，还要有创造力，能同时兼顾事业与浪漫。然而，几乎没有一个人能满足她的所有要求。

有时我们甚至刊登择偶广告，列出一大堆理想条件，但实际回应往往令人失望。这样的理想化往往源于我们内心的空虚与不安。许多曾经被父母过度保护的孩子，在成年后可能会对伴侣产生过度要求，试图将他们塑造成自己心目中的理想模样。这种控制欲往往导致关系中的失望和痛苦。

我们对理想伴侣的追寻，实际上反映了我们对自我认同的需求。我们潜意识里希望伴侣能成为我们的"镜子"，帮助我们定义自己。然而，由于童年时期父母未能提供一个稳定的"镜像"，我们往往无法在他人身上找到完整的自我认同。成年后，我们迫切需要一个"闪亮的星"，一个能够补全我们内心缺失的人。

然而，**真正的自我认同和完整感只有通过自爱才能实现。**我们无法依赖他人来填补内心的空缺，只有通过培养自尊心和学会爱自己，才能摆脱对完美伴侣的无尽追求。**如果我们从未学会爱自己，终将陷入一场永无止境的寻找中，期望别人填补我们内心的空白。**

第十三章

拯救型父母&
具有国王思维的孩子

案例13　成功而失落的胡安

第一次见到胡安，老加不禁眼前一亮。他五官俊朗，身材修长健美，既威武又沉稳。看上去事业也颇为成功：第三家餐厅即将开业，净资产已超过百万欧元。然而，不知为何，他的身上始终笼罩着一股紧绷与孤独的气息。

有事可以找爸爸

多年以前，胡安在一次聚会中偶遇高中同学何塞，两人一拍即合。何塞提议合伙开一家餐厅——他经验丰富，缺的只是启动资金。

"那时候，我账户里只有28欧元，"胡安苦笑着说，"唯一的办法，就是找我爸。"

"他答应了？"

"没有马上答应。他一向谨慎——他是本市最大的律师事务所的合伙人,另一个合伙人是市议员,人脉遍布各界。妈妈总说,我们的一切都是爸爸的智慧和勤奋换来的。我知道他一定会帮我,他最希望我成功。"

父亲果然答应"研究这笔生意"。接下来的两个星期,何塞几乎每天晚上都到他们家,与胡安父亲讨论贷款、执照、合伙协议等细节。胡安试图旁听,但专业术语让他听得云里雾里,几次竟然在椅子上睡着了。

"你父亲一直习惯主导一切吗?"老加问。

胡安点点头:"是的。小时候过圣诞节,他教我切烤羊腿——说那是'男人的职责'。可我切得七零八落,他就皱着眉头把刀抢过去,说'还是我来吧'。从那以后,只要我做不好什么,他就会接手。现在我33岁了,还是不会切羊腿……不过,说实话,我也不想学了。"

在大多数家庭,父母会在孩子遭遇困难时提供支持,同时鼓励独立。但在胡安家里,一旦他表现出一点儿无力,父母立刻冲上前替他解决——他们的初衷是爱,结果却剥夺了他成长的机会。

"你妈妈呢?"

"也一样,只不过更细致。"胡安苦笑,"她每天早上都要提醒我刷牙、吃鸡蛋、带午餐盒……她像个远程遥控器,担心一松手我就会出事。"

他沉默片刻,又补充道:"有一次我写历史论文卡壳,妈妈见我着急，就开始帮我查资料。15分钟后，我已经坐在楼下看电视，而她在楼上敲论文。"

老加忍不住笑："听起来，她好像把你当成……特殊儿童。"

胡安无奈地耸肩："你说得非常到位。"

我以为我成功了

"那你后来开餐厅的事，进行得顺利吗？"

"是的。爸爸不仅签下了租约，为贷款做担保，还帮忙搞定酒类销售许可。餐厅顺利营业，我也成了名义上的总经理。"

第三个月开始，生意就步入正轨。客人络绎不绝，何塞业务娴熟，而胡安的父亲也投入大量精力。胡安一度惊叹父亲如何在如此忙碌中还能保持事务所的正常运转。

"听上去，他们两个都很投入。你自己适应得如何？"

"老实说，一开始我特别想逃，每天都希望把活儿推给何塞。他也确实全权处理了很多事。但慢慢地，我意识到我也该承担责任了。我开始试着独立决策，起初每件事都要请示我爸，后来渐渐能自己拿主意。差不多一年后，我成长了很多。"

但问题也随之而来。员工们还是习惯去找何塞，而不是他。这让胡安感到失落。他对父亲的建议也越来越不耐烦，矛盾开始浮现。

两年后，他们的餐饮事业扩展到第二家分店。胡安觉得，机会终于来了——他终于可以独当一面了。但开业当天，一场庆典,却将他拉入了谷底。

我做到了,但我又没做到

那场开业派对,规格很高,宾客云集。何塞的朋友一群一群地来捧场,而胡安这边,除了父母和几个熟人,几乎没人到场。

"我整晚都很低落。我告诉自己,也许他们是嫉妒。但说实话,我就是生气。我努力了这么久,为什么没有人来见证我的成功?"

他顿了顿,眼神黯淡。

"我站在人群中,心里想:这是我人生中最努力的一刻,我配得上这份荣耀。可没有老朋友,没有曾经的竞争对手,只有空荡荡的赞美。我突然意识到,这场胜利,好像没人真正关心。"

"那种滋味……一定很不好受。"

胡安点点头:"那一晚,我嫉妒极了。我看着何塞被一群朋友围着,而我……我一无所有。"

那种落差最终酝酿成一场报复。

为了更好地管理新餐厅,胡安和何塞合租了一套公寓。一天,何塞的朋友露娜来找他,而胡安那天正好轮休。

"我去开门,看到是露娜,就让她进来了。"

"何塞不是一直暗恋她吗?"

"是呀,但我之前没太在意她。"胡安语气有些低落,"那天下午我们聊得很投机。何塞迟迟没回来,我们干脆出去吃了顿饭。"

"仅仅是吃饭?"

胡安眼神闪躲了一下:"本来是午餐,结果一直聊到晚上,变成了晚餐。之后……我们回了她家,过了一夜。"

"你很喜欢她?"

"不是喜欢。"他苦笑,"更像是一种报复。何塞在餐厅里越来越像主心骨,我被边缘化。我心里不服气,觉得既然他能赢得所有人的尊重,那我至少要'赢'回点什么。那天晚上,我并不在乎她,我只想证明,我也可以拥有他想要的。"

然而,事情没有像他预想的那样轻描淡写地结束。

"我以为只是一夜情,但露娜不这么想。她开始频繁打电话、来公寓找我。我其实没打算继续,但也没拒绝,觉得反正她和何塞也没在一起,就顺其自然了。"

"你们就这么断断续续地见面?"

胡安点点头:"直到有一天,何塞提早回了家。"

那天,胡安正坐在沙发上看球赛喝啤酒。门一开,他抬头看见何塞站在那儿,脸涨得通红。

"他说:'你一直在和露娜约会。'他的语气不是疑问,是确认。我没法否认,只能说:'我们现在没什么了,她只是太黏人。'"

"然后呢?"

"他爆发了,冲我吼:'我就知道你会这么说!你总觉得自己高高在上,别人都得围着你转!'"

"他回房开始收拾行李,我追了进去,大喊:'是她主动的!不是我先动的心!'"

"他一句话不说,只是冷冷地回了句'去请律师吧',拎起包头也不回地走了。我喊着:'你不能这样丢下我!这餐厅我投了钱!你不能一走了之!'但他连理都没理。"

老加轻声说:"听起来……你当时完全没有意识到自己伤害了他。"

胡安垂下眼:"是的。我没有道歉,只觉得他小题大做。我以为我该得到原谅——我一直被教导我是特别的,我应该得到一切,不需要承担太多后果。

"可现在,我知道错的是我。真正过分的,是我那种理所当然的心态。"

他顿了顿,声音低了下去:

"从小父母就替我安排一切,不断告诉我'你值得拥有最好的'。他们的爱变成了一种灌输,让我觉得,就算什么都不做,也应得到认可、赞赏、成功,甚至原谅。

"而何塞不是。他靠自己赢得了大家的尊重,而我,却把他当成威胁,用最恶劣的方式去羞辱他。我毁掉了我们之间唯一真正的友谊。"

老加轻声问:"后来呢?餐厅你一个人接手了吗?"

"试过。但很快,我爸就接管了。他说我不够格。"

胡安苦笑,像是在嘲讽自己。

"外人都说我事业成功,可没人知道,每当听到'你很厉害'这种话,我心里就发虚。我清楚,我根本撑不起这个人设。过去靠何塞,现在靠父亲,我的成功是被别人拼出来的假象。

"而最让我痛苦的是,我亲手砸碎了那个唯一相信我的人。"

案例分析

他们需要一个能麻烦他们的孩子

老加说:"父母与孩子边界模糊的家庭,孩子往往会长成特权感极强的成年人。"精神病学家默里最早提出"特权感"这个概念,用来描述那些期待所有好事理所当然降临的人。此后,心理学家们发现,这种潜意识的期待常常源于童年亲子关系中一种隐秘的模式:孩子被过度关注、拯救、欣赏、原谅和"爱"着,久而久之,便相信整个世界都会围着自己运转。

胡安就是这样的人。他觉得自己有特权:让父亲出钱出力,为他铺好创业之路;在尚未成熟时,先享受成果,等未来"能力提升"后再独立;比合作伙伴何塞付出更少,却分享同等回报;背叛朋友,染指对方暗恋的人,却不必承担后果;要求所有人出席自己的开业庆典,为他喝彩;拥有理应建立在互相关心基础上的友谊,却不需要付出。

他之所以认为自己配得上一切,不是因为他做了什么,而是因为他"被教导自己很特别"。

在过度养育的环境中,孩子不需要承担责任,只需表达"我不会""我不懂""我做不好",就能立刻获得帮助与赞美。而这种被替代、被满足、被吹捧的经历,会一点点儿在孩子心中植入一种模式:"我只要存在,就值得被世界优待。"

胡安深知无助的好处。他学会了在父母面前示弱、退缩,因为那意味着他们会出现、接手、解决。而他的父母也确实这么做了——他们不仅用资源支撑他,更用"你很特别""你注定不凡"的言语喂养他的自我。与此同时,他们也悄悄加上了另一句:"只有有了我们的帮助,你才能真正成功。"

于是,胡安活在这两种声音的拉扯中:一方面,他被告知自己注定非凡,不必为平凡努力;另一方面,他又被动地依赖父母,无法真正独立迈步。

当他决定开餐厅,第一反应不是学习如何经营,而是回家找爸爸。虽然父亲是律师,不懂餐饮,但这无关紧要——胡安只需要一个"代他思考"的人。他把关键决策权像吩咐助理一样交给父亲,自己则躲在后面打盹。哪怕这家餐厅关乎他的未来,他却仿佛只是个旁观者。而这样的旁观,并非一时的逃避,而是他人生的常态。他习惯了让别人替他做决定,习惯了把责任交给"那些看起来更强大的人"。

那么问题来了:为什么胡安的父母如此甘愿,甚至热衷于为儿子解决所有麻烦?

一个显而易见的答案是:他们深爱儿子,希望他成功。但还有一个更隐秘、更不易被察觉的答案是：他们需要儿子继续"麻烦"他们。

当胡安开始想独立时，父亲反而更加频繁地介入；而当儿子开始拒绝建议时，父亲却越发不肯放手。因为对某些"拯救型父母"来说，孩子的问题，才是他们存在感的来源。这种模式，往往与父母自身的童年经历有关：也许他们曾被忽视、被否定、无力感强烈。于是他们用"成为别人生命的拯救者"来填补内心的空洞。而一个始终有麻烦、始终需要他们的孩子，就是他们最大的安慰剂。在这种亲子关系中，孩子的无能，恰恰是父母的成就。

"你很特别"和"你需要我才特别"之间：拯救型父母

老米说："没有人是偶然成为'拯救型父母'的。"

这种父母，往往曾在童年经历过缺爱。他们的成长充满了冷漠、苛责、忽视，甚至暴力。在那个情感贫瘠的家庭中，他们不得不扮演"负责任的孩子""问题解决者""家庭和平缔造者"等角色，靠付出来换取存在感。这些角色给予他们一种虚幻的掌控感和价值感，也成为他们应对生活的"生存策略"。

成年后，这套策略被原样复制到育儿中——他们依然不知如何"被爱"，但非常擅长"去爱"。他们用"无私""奉献""为你好"的外壳包裹着对孩子的掌控，不允许孩子受一点儿苦，不允许孩子犯哪怕一个错。他们发誓要给孩子一个比自己更轻松的人生，哪怕代价是剥夺孩子独立成长的机会。

爱得太多的父母

在这种家庭中，孩子从婴儿时期起就被当作生活中心——心理学家弗洛伊德称之为"婴儿陛下"。拯救型父母不断向孩子投射："你天赋异禀，你注定不凡，你值得被优待。"但这份赞美的背后，藏着另一重潜台词："你需要我，才能发挥这些天赋；你依赖我，才不会走错人生。"

"你很特别"最终演变成"我很特别"；"你比别人优秀"，慢慢变成"我比别人更高明"；孩子的光芒，变成了父母自我价值的延伸。心理学家称之为"内化"：孩子不断接收到"你是我们的一切""你值得被特别对待"的信息，于是将这套逻辑带入整个世界，潜意识中也开始期待，社会、他人、世界都要像父母那样，对自己宠爱、包容、理解、迁就。

婴儿陛下的特点

被拯救型父母养育的孩子，看似生活优渥，实际上却被剥夺了真正的成长所需——自我尝试、挫败的经历，以及从行动中获得胜任感。与此同时，他们还会发展出一种妄自尊大的"国王思维"。

这种孩子，极度依赖外界的认可和赞美。他们不仅想要被夸奖，甚至无法在缺乏夸奖的环境中生存。他们力图在自己擅长的领域做到极致，否则干脆选择回避。他们的自我认同建立在美貌、才华、聪明、成就、优越上，一旦这些支柱有任何一项动摇，就会陷入痛苦，甚至陷入抑郁。

表面上，他们看起来信心十足、自我价值爆棚；但实际上，他们内心常常是一片荒芜。心理学家爱丽丝·米勒在《天才儿童的悲剧》中指出：妄自尊大，往往是一种对抗自卑与绝望的防御机制。为了逃避内在的空虚，他们通过外部的掌控与认同来麻痹自己。

拥有"国王思维"的孩子习惯于被特别对待，他们潜意识里期待世界像父母那样包容他们的脆弱、理解他们的不便、允许他们的迟到、忍受他们的情绪。然而，一旦现实没有按剧本演，他们就会陷入怨怼："我这么特别，世界怎么敢忽视我？"

他们不一定承认自己有"特权"，但他们会说："生活对我太不公平了。"他们不一定知道自己在索取，但他们会觉得："我本该得到更多。"这种心理状态，广泛体现在生活的方方面面：

- 对别人的事心不在焉，总想把话题扯回自己身上；
- 交朋友或谈恋爱前，列出一长串"对方应该怎样"的标准；
- 工作中得过且过，觉得"别人拿工资就该替我收拾烂摊子"；
- 与其说是没钱，不如说是习惯"装穷"，指望别人买单；
- 用对方的钱包衡量一段关系值不值得；
- 吃饭抢账单，不为付钱，而是为了算别人该付多少；
- 面对家务，装傻充忙，坚信别人会"最后受不了把活干了"；
- 对灰尘、脏碗和烂水果视而不见，默认"同住的人会

爱得太多的父母

管";
- 总能为不能加班、不能做额外工作找到一堆完美借口;
- 永远在等别人主动关心他们;
- 经常迟到，让别人等他们成为理所当然;
- 连打开抽屉找东西都不愿意，非要喊别人来帮忙;
- 为了争个靠过道的座位，能拿出"腿太长"或"幽闭恐惧症"的借口;
- 只有一个人时，也坚持要占四人桌;
- 借东西忘还，甚至损坏后还愤愤不平;
- 把自己发火合理化，因为"那个人早就对我不爽";
- 为了争个单人间，不惜编个病史。

这些行为背后的内核，只有一个："我不愿意成为普通人。"他们不只是想守住自己的权利，更想偷偷地站到最有利的位置。可一旦别人指出"你这样可能影响了别人"，他们不是反思，而是恼羞成怒——因为他们从未习惯一个没有特权的位置。

国王的"特权感"给孩子带来了什么

在"被特别对待"和"被高期待"中长大的孩子，往往看似幸运，实则代价巨大。一些隐秘却极具破坏力的后果，悄然埋在了他们的思维模式、情感能力和人际关系中，影响他们的一生。

1. 思考能力的迟钝：习惯等人给答案

有特权感的成年人，往往缺乏独立思考的习惯。从小他们习惯于依赖父母，一遇困难就有人出面解决。他们不是被训练去面对挑战，而是被呵护着远离挑战。于是，他们变得不思考、不愿思考，也不觉得需要思考。

一位女性就职于一家创意公司，曾向上司争取升职机会。但上司坦言，她并未表现出管理能力。她回忆道：

"我总是热情地争取创意项目，但每当项目真正交到我手上，我就慌了。最后我把工作分派给同事，自己则对外声称'忙更重要的事'。甚至我都开始相信自己真的很忙。我几乎没为项目做什么，却拿走了全部功劳。得罪了一堆人后，我仍觉得：项目最初是我争取来的，所以成果是我应得的。"

这样的行为，不仅是逃避责任，更是思维惰性的体现——她不会想如何面对挑战，只会想如何避开挑战。

对这些"从小被认为很特别"的孩子来说，比失败更难以承受的，是"努力后还失败"，所以他们宁愿在不付出时失败，也不愿在认真尝试后丢脸。

2. 责任感的缺席：只做最低标准

特权感也会让人远离责任。

承担责任意味着面对不确定、焦虑和失败。而拥有特权感的人，习惯把这些交给别人处理。他们不主动、不额外、不越界——只做明确被要求做的事，绝不多走一步。

他们甚至开始抗拒一切需要动脑的任务。报税表、贷款协议、保险单、说明书……在他们眼中统统令人头大。他们不会填表，不愿写报告，拖延成了常态。他们还会迁怒于那些"催他们交文件的人"，仿佛对方才是制造麻烦的人。

所有这些，都源于一个深层信念："我有资格不操心。"

3. 人际关系的失败：只收不付的爱，走不远

在恋爱和友情中，特权感也会造成伤害——这些人对他人有过高的期待，却缺乏真正的共情力。他们习惯了从关系中索取，却没有意识到：关系是双向的。

哈维尔就是一个典型例子。

他总觉得自己在社交圈应当是焦点。朋友理应关心他、照顾他、让着他。他对朋友挑剔、不包容、不理解。他不愿参与朋友的家庭聚会，对朋友的兴趣爱好嗤之以鼻，无法忍受任何差异和缺点，觉得别人无聊、琐碎和自私。

这一切，其实源于他从小就活在"被满足"的关系中。他是独生子，成长在一个父母围着他转的家庭。他很少被要求体贴别人，也从未学会站在别人的角度看问题。

哈维尔对别人有标准，却从未反省自己的投入。他不知道，真正的友情不是单方面被照顾，而是彼此包容、理解与支持。当他对所有人都不满意的时候，终究会发现：他虽然在人群中，却依然感到孤独。

"特权感"看似给了孩子优越的成长环境,其实却剥夺了他们独立思考的能力、承担责任的意愿、建立深层关系的能力。一个人若总是觉得世界应该为他让步,终会撞上一堵墙——世界并不会如此运转。

要帮助孩子远离这种"国王思维",关键不在于剥夺他们的爱与支持,而在于让他们真实地接触世界的规则,允许他们经历失败、挫折与拒绝。要教会他们欣赏别人,不只是接受赞美;承担责任,而非逃避困难;独立判断,而非等人下指令;在关系中互相支持,而非单方面索取。当一个孩子学会在不完美中前行,在失败中自省,在关系中给予,他们才会真正长成一个有力量而不自负,有温度而不脆弱的成熟的人,而不是一个一直等着被世界宠爱的"婴儿陛下"。

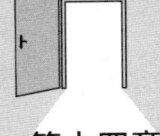

第十四章

不是母后的母亲大人 &
做着公主梦的孩子

案例14 永远想当公主的艾塔娜

艾塔娜是一位30多岁的女性，从小就是父母的掌上明珠，但是成年后却在婚姻问题上屡屡受挫。

我妈妈说"女人应该得到这些"

艾塔娜原本希望与弗朗西斯科的恋情能修成正果，因为她从来没遇到过一个男人像弗朗西斯科这样对她这么好。"他特别贴心，经常给我送花，接我下班，认真听我诉苦。"她回忆道。

"听起来，他是个不错的恋人。"老加评价道。

艾塔娜迟疑了一下，然后点了点头："确实很好，但我妈妈告诉我，这些都是一个恋人的基本素质，算不上什么优点。如果对男人的要求总是这么低，会被对方轻视。"

"那你自己对弗朗西斯科的真实感受是怎样的？"老加问。

"总体来说，我还是挺喜欢他的。但弗朗西斯科有些方面也很让我烦心。比如，他周末总看足球比赛，但我希望他和我一起打网球。此外，他经常和我聊他的工作，可我觉得很无聊。朋友都说弗朗西斯科可靠、负责、踏实，但我想要的是一种让我心潮澎湃的爱情。我妈妈也觉得，年轻的时候就应该充分体验轰轰烈烈的爱情，平淡的日子留到结婚后再过。"

"听起来，你很喜欢和你妈妈谈论你感情方面的事。"

艾塔娜一脸无辜："那当然，妈妈总不会骗我。她是过来人，又是我最亲近的人。"

"你说的心潮澎湃的感觉，具体是什么样的？"老加问。

"我一直想要一个能给我惊喜的男朋友，比如计划一场浪漫的野餐或突然出现在我家门口，捧着一束鲜红的玫瑰和精致的礼物。"艾塔娜坦言。

"你和弗朗西斯科沟通过这些吗？"

艾塔娜摇了摇头："我觉得，如果你必须告诉男人如何营造浪漫氛围，那就没什么意思了。如果一个男人真的爱你，他应当知道如何让你开心。而且，我希望对方能主导这段关系，带给我无穷无尽的新鲜感，而不是等着我去教他怎么做。"

"这些观念，都是你妈妈告诉你的吗？"

"算是吧。她并不是针对弗朗西斯科说的，她只是告诉我，什么样的表现才代表一个男人真正心动。"

"那么，在你成长过程中，你和你妈妈的关系怎么样？她是那种会经常给你惊喜、送你礼物、夸奖你的妈妈吗？"

艾塔娜有些疑惑地看看老加："我不太明白，您为什么总是关心我和我妈妈的关系，我的问题明明是弗朗西斯科。不过告诉您也没关系，我妈妈确实和您说的差不多，她很喜欢给我制造各种惊喜，而且根本不用我开口，每个生日、节日、纪念日，她都会精心策划，搞得很隆重，还会帮我邀请一堆亲友来庆祝。但这很正常，不是吗？她常说，女儿天生就是用来被当成公主一样宠爱的。"

"你感觉很享受吗？"

艾塔娜歪着头想了想，答道："怎么说呢，我也说不上享受不享受，但我肯定是不排斥，也可以说，是习惯了。"

老加点点头没说话，心中却已了然。艾塔娜的妈妈对女儿隆重而浓烈的爱，让她习惯了大张旗鼓的形式，而且，那些来自妈妈的谆谆教诲，也让艾塔娜认为任何人的爱都应该采取这种戏剧性的表达方式，她不相信平淡，甚至厌恶平淡。

"你能不能说一说，你和弗朗西斯科的关系是怎么走到紧张这一步的？"老加问。

艾塔娜的表情瞬间黯淡下来，轻声说道："那是从我生日那天开始的……"

我都道歉了，还要我怎么样

"在我生日的一周前，弗朗西斯科问我生日那天想做什么，我说希望他能'给我个惊喜'。我想，我已经提示得这么明显了，他应该知道我想要什么。结果，生日当天，他带我去了一家泰国餐厅。虽然我并不讨厌泰国菜，可我真正期待的是去吃浪漫的法餐，就是那种灯光幽暗、红酒昂贵的地方。"

"那你有没有马上告诉弗朗西斯科你不喜欢这家餐厅，希望能换个地方？"

"不不不，这种事说出来就没意思了。但我确实很失望，不仅是对用餐的地点，更对他送的那份礼物。你知道他给我买了什么吗？一个公文包。哦，那个公文包很好看，也很贵，但送它当生日礼物根本就不合适。"

"很显然，你也并没说出你对礼物的不满。"

艾塔娜点头："是的。我没有说，但我整个晚上都在生闷气，一句话都没说，就因为他不用心的态度，我感觉自己的生日过得糟透了。"

那晚之后，艾塔娜的心态发生了变化，她开始看弗朗西斯科哪里都不顺眼，两人开始经常发生争吵。每次吵架后，艾塔娜都会倔强地几天不接弗朗西斯科的电话，而弗朗西斯科总是那个主动道歉想和好的一方。

"他从来没有对你发过脾气吗？"老加问她。

艾塔娜有些委屈地低下头："我也以为他是不会冲我发脾气的，但后来，他并没做到。"

艾塔娜告诉我，在一个周末，她需要借辆车去附近的小镇看望姐姐，于是弗朗西斯科就把自己的车借给了她。"星期天深夜，我把车开回了他家。第二天早上，他打电话给我，大发雷霆，因为我还车时没加油，油箱几乎空了。我真的只是一时疏忽而已，并不是故意的。结果，弗朗西斯科睡过了头，去上班途中不得不停在加油站加油，导致他迟到了一个重要的会议。他说我太自私了，那个态度好像我犯了什么天大的错一样。我跟他道了歉，但他一直冲我大声嚷嚷，最后我直接挂了电话。"

"然后呢？"老加问道。

"这件事就这样稀里糊涂地结束了，我们俩谁也不理对方，关系似乎也就此结束了。我拒绝给他打电话，觉得他应该为他冲我发火的态度道歉。我一直在想他身上那些让我不舒服的缺点，比如他不够高，开始有啤酒肚，他的朋友也无趣。我气愤不已，回家对我爸妈说了这件事。"

"我猜他们一定当着你的面大骂了弗朗西斯科一通吧？"

艾塔娜笑了："是的，我父母本来就不喜欢弗朗西斯科，总挑他的毛病。当我告诉他们我和他吵架了之后，他们说他不接受我的道歉是不成熟的表现。我妈妈觉得，一个男人如此固执，为这点小事生气，绝不是做丈夫的料。"

冷战持续了 20 多天，艾塔娜终于忍不住打电话给弗朗西斯科，借口说她把一些东西落在他的公寓里了，想拿回来。那天晚上，艾塔娜去弗朗西斯科的公寓取东西，她以为弗朗西斯科会恳求她给他们关系破镜重圆的机会。但弗朗西斯科却告诉她，他遇到了一个更适合自己的女孩，一个真正能让他幸福的女孩。

"弗朗西斯科说,他做的所有事在我眼里都不对,他不知如何是好。他说这段时间自己一直在思考,他曾想尽办法让我开心,但怎么都办不到,所以他决定放弃了。他祝我找到一个能让我幸福的人。"

"听了他的话,你的感受如何?"老加问。

艾塔娜说一开始,她面对分手态度很冷静,觉得弗朗西斯科可能终究不是她的真命天子。但过了一个月,经过了几次糟糕的约会后,艾塔娜意识到,她对弗朗西斯科的思念超出了自己的想象。那种失去弗朗西斯科的孤独、无助和害怕永远找不到对的人结婚的恐惧感,促使艾塔娜重新审视自己对恋爱关系的期望。

案例分析

"被爱等于被照顾"的恋爱观

艾塔娜的故事并不是个例。许多在家庭中过度被宠爱的人,往往将这种被围绕、被满足的特权感延续到成年后的亲密关系中。他们不自觉地把恋人当作"父母角色"的延伸,期待对方也能像父母一样,毫无边界地回应自己的需求。

正如其他被父母过度关爱的孩子一样,艾塔娜在恋爱中也习惯处于关系的中心。她觉得男友理应随时陪伴自己,无论是放下娱乐活动还是猜透她的情绪——不需要沟通,不需要解释，她的感觉和愿望应当被自动满足。她认为，真正爱她的男人，不会因为她的任性而生气，更不会让她承担任何责任。

这种想法并非凭空而来。在她的成长经历里，父母长期扮演着"全能照顾者"的角色，几乎没有给她留下"自己也需要回应他人"的空间。从吃什么、玩什么，到开心不开心，她都不用开口。她的愿望刚萌生出来，父母就抢着实现，而她的失望，也总有人第一个出来安抚。久而久之，她便潜意识地相信：爱意味着"你为我负责"，我不需要为别人负责。

这正是父母与孩子之间边界模糊的典型后果。原本健康的亲子关系，应当在爱与尊重中逐渐培养孩子的独立性和共情力；但当父母过度介入孩子的情绪和选择，甚至代替孩子承担原本该由她自己学习的挫折和责任时，孩子便难以发展出清晰的"我"与"他人"的界限。她无法理解恋人也是一个有情绪、有需求的个体，而不是"永远懂她、宠她、不离不弃"的"情感服务者"。

艾塔娜在分手后，并未反思自己的模式，而是希望找到一个"更像爸爸妈妈"的男人，能像童年时那样继续宠爱她、包容她，替她安排一切新奇和惊喜。但她并不知道，这种期待其实来自于她与父母之间"没有完成的分离"——她还没有真正从那个"被爱就等于被照顾"的模式中走出来。

许多像艾塔娜一样的成年人，内心仍停留在童年。他们坚信，只要找到那个"对的人"，爱就会永远存在，自己就可以永远做被照顾的那一方。然而，他们爱的不是一个平等的伴侣，而是一个能填补童年"被满足"的缺口的人。他们没意识到，那些童年里没有形成清晰边界的亲子模式，如今正悄悄影响着他们的亲密关系，让他们不断在索取中失望，在幻想中受伤。

如果艾塔娜最终和弗朗西斯科走进婚姻，那也未必能带来真正的幸福。因为婚姻无法自动带来成长，它只是将未完成的亲密模式带入了一个更深的契约关系中。若艾塔娜没有意识到自己特权感背后的根源，没有重新划定自我与他人的界限，无论与谁相爱，她都可能重蹈覆辙。

在婚姻中寻找父母

在老加和老米的调查中，有一个故事让人印象深刻。一对年轻夫妻的矛盾，看似源于家务分工不均、沟通不畅，但深入观察，就会发现问题的根源更深——丈夫从未真正与他的父母"分开"。

这个男人从小被父母过度保护和干涉，生活中几乎没有自主权，也从未被要求为家庭分担责任。长大后，他自然地将这种"我被照顾，你负责我"的关系模式延续到婚姻中。他不是一个坏人，但他始终把妻子当成那个"理应无条件照顾他"的人——就像他的母亲那样。

他的妻子对此怨声载道。她和丈夫一样也要工作一天，但一回到家，他却理所当然地期待她变身"万能的妈妈"：帮他找阿司匹林、剃须刀、钥匙；替他收拾烂摊子；倾听他抱怨，却不被允许表达自己的委屈。

这段婚姻的问题不只是"谁做了更多",而是谁在关系中承担了更多"父母的角色"。丈夫没有意识到自己在婚姻里依然处于"被照顾的孩子"角色中,而妻子被迫扮演了那个情绪稳定、永远负责的"妈妈"。

老加一针见血地指出:"**当一个孩子在成长过程中没有建立起清晰的自我意识与责任感,他们便无法在心理上'脱离父母',也就无法真正进入一段平等的成人关系。**"

更复杂的是,那些被父母"爱得太多"的人,往往会在婚姻中不断重复这种模糊角色。他们一方面希望伴侣像父母一样无条件接纳和呵护自己,另一方面却又在潜意识中把父母的控制、干涉和高期待投射给伴侣——于是,关系中出现了双重的拉扯:既渴望被照顾,又害怕被控制;既依赖,又抗拒。

最终,我们会发现,在这种婚姻里,双方并不是以成年人身份相爱,而是两个未完成"心理断奶"的孩子,在彼此身上寻找弥补童年空缺的出口,以"孩子"的姿态索取、期待、依赖。他们激情满满地步入婚姻,却很少意识到,自己所爱之人,不过是童年关系模式的一个投影。

更有甚者,一些在童年中被父母呵护得过多的孩子,长大后会被那些看似"坚强""有故事""会照顾人"的人所吸引。他们将后者视为"理想的照顾者",却没意识到,这种关系不过是帮助者与被帮助者、父母与孩子的错位关系重演。这类婚姻表面看起来互补,实则建立在不对等的心理位置之上,终将失衡。

老米总结道:"如果没有清晰的界限感,我们终将不断把'父母的影子'带进婚姻,把童年的角色投射到爱人身上。而真正的亲密关系,不是我们在对方身上找回'曾经的爸爸或妈妈',而是我们终于不再是那个被照顾的孩子,学会了与另一个独立的灵魂并肩而行。"

第五部分

总结：我们需要反思什么

爱若变成控制，便是枷锁；
唯有放下执念，
爱才能成全彼此的成长。

第十五章

真正的成长，要突破共生

父母爱得太多，孩子成年后的14个特点

从 800 个家庭中精选出的 14 个案例，生动展现了"爱得太多"的父母，如何在不经意间影响了孩子成年后的性格、关系与人生轨迹。

虽然每个案例中，父母与孩子之间的"镜像关系"清晰可见，但这些案例之间并非孤立，而是像一张网，交织着相似的困境与重复的伤痕。

前文已经呈现了具体场景，现在，是时候系统梳理：那些被爱"包裹太紧"的孩子，长大后，通常会出现的 14 个特点。

1. 害怕做决定

父母长期替孩子做决定（比如选兴趣班、选学校、挑职业、交朋友），看似是爱，实则剥夺了孩子练习选择与承担后果的机会。

于是，孩子成年后变得优柔寡断，哪怕只是"晚饭吃什么"这样的小事，也会焦虑不已。

一位 30 多岁的女性坦言："我连穿什么衣服都要问妈妈，太可悲了。"

被过度养育的孩子，往往习惯了依赖——哪怕最优解摆在眼前，也要等一句外界的肯定，才敢向前一步。

2．在关系中频频受挫

被过度养育的孩子，成年后在人际关系中常在两个极端摇摆：一方面渴望亲密，另一方面又害怕靠得太近。

有人一接近，他们要么一下子扑上去，恨不得把心掏出来；要么立刻退缩回去，摆出"别烦我"的架势。结果无论是谈恋爱，还是交朋友，都难以建立稳定、持久的亲密关系。

这正是焦虑型依恋或回避型依恋的常见表现，其根源不在于"爱太少"，而是爱太满、期待太高，把孩子养得太"紧"。

焦虑型依恋的人，从小被父母高标准地"爱"着，活得压力巨大。长大后，他们在人际关系中容易焦虑，喜欢讨好，生怕别人不喜欢自己。他们特别想要别人的肯定，可又觉得自己差劲，不完美，担心被甩。

回避型依恋的人，从小被照顾得无微不至，却几乎没有自主空间。他们学会了压抑自己，内心筑起一道墙："离别人远点，才不会受伤。"

爱得太多的父母

于是，他们成年后在人际关系中表现得冷静、独立，其实是在自我保护。他们不是不渴望亲密，而是太害怕失去自我。

无论是焦虑型依恋，还是回避型依恋，抑或二者交替出现，都会让亲子关系变得紧张，最终走向疏远或破裂。

3. 深重的愧疚感

那些从小承受父母过度付出的孩子，往往背负着深重的愧疚感。他们认为，父母的精力、金钱与时间都是为自己所耗，甚至连父母的焦虑与疲惫，也因自己而起。为了"回报"这份付出，他们努力取得成就、压抑情绪，甚至牺牲真实意愿，只为不让父母失望。

这种思维模式常常延续至成年——父母当年的"全心全意"，反而成为困住他们的情感枷锁。他们长期活在一种"报恩"与"偿还"的心理中，难以自由地为自己而活。

更深的问题在于，这种习惯性的愧疚感，往往会扩散到其他关系中：他们害怕麻烦他人，即使别人只是出于善意帮忙，他们也觉得自己必须加倍回报，才能"配得上"被善待。

4. 抱怨生活的不公

过度养育的父母常为孩子灌输一种信念："你是完美的，若有人质疑，便是他们的错。"

然而，步入社会后，孩子很快发现，现实远非父母描绘的理想图景。外界不会像父母那样无条件认同，童年的高期待与现实的落差碰撞，带来深深的不安。这种不安在人际交往的挫折中被反复放大。

世界充满复杂性与不确定性，而非父母许诺的完美蓝图。这样的认知落差，容易滋生怨恨。

当一个人习惯了父母为他定制的"优越"逻辑，一旦这套规则在现实中失灵，外界的质疑或批评便被解读为"不公"或"打压"。随之而来的，是挥之不去的失望与焦虑。

5. 信任难题

对被过度养育的孩子而言，信任是一道难题。他们要么极度防备、不信任何人，要么天真地相信所有人。然而，过度信任往往导致失望，最终又转为彻底的不信任。

信任为何如此困难？因为在信任感萌芽的童年，父母出于担忧过度，控制孩子或代为决策，日积月累，孩子认为自己的判断不可靠，不仅怀疑自己，也难以相信他人。此外，父母灌输的"你是最优秀"的信念与现实的落差，也让他们对外界产生恐惧。为了逃避幻灭的痛苦，他们选择封闭信任。

6. 强烈的控制欲

童年长期受父母支配的孩子，成年后往往表现出强烈的控制欲，渴望掌控一切。

正常情况下，父母会允许孩子在环境中试错，体验成败。但"爱得太多"的父母不允许孩子冒险，以保护之名过度干预，阻断孩子面对挫折的机会。这样的孩子成长中缺乏应对无助的经验，因而格外追求掌控感。

在生活中，这种控制欲表现为质疑他人、回避合作或否定建议。比如，他们可能不信任老师的意见、反感上司的安排，或在团队中宁愿独干也不愿接受他人主导。这种行为本质上是为了抵御他人"假想中的控制"。

7. 做事半途而废

被父母寄予厚望的孩子容易成为空想家。在过度赞美中，他们设定的目标往往宏大，仿佛只有这样的目标才配得上自己的"天赋"。然而，这些目标多停留在想象，因父母的高评价让他们误以为无须努力即可成功。现实的落空让他们频频放弃，抽屉里堆满只写了几页的日记和未完成的计划。

此外，半途而废还源于对父母的依赖。他们相信即使放弃，父母也会兜底。这种依赖导致他们习惯拖延，逃避不如意的结果，甚至故意拖着不做。

8. 习惯性自责

尽管父母给予无尽赞美，有些孩子却在犯错时陷入深深自责，对自己吹毛求疵。这源于童年时父母的过度期待——"你应该成为医生""你应该成绩优异""你应该受欢迎"。这些"应该"在孩子心中种下自我批评的种子，一旦无法实现，他们便陷入痛苦。

成年后，他们对他人的话过度解读。比如，有人说"这事挺难，我帮你吧"，他们会理解为"你应该完美，否则就是失败者"。这种心理让他们沮丧，甚至逃避机会。

9. 期待特权待遇

被过度宠爱的孩子因童年常受特殊对待，成年后潜意识里觉得自己理应享有优待。比如，在餐厅吃饭如果菜不合口味，他们会毫不犹豫要求退换；在公共场合对座位不满意，也会理直气壮要求他人让位。然而，现实中他人不会像父母那样迁就，失望与愤怒随之而来。这种心态也会影响亲密关系，他们期待伴侣如父母般包容，甚至牺牲自我，但这种不平等的关系往往以冲突告终。

10. 抗挫折能力薄弱

过度养育的父母常出于爱意，为孩子精心铺设一条"无障碍"的成长之路。他们尽力扫除失败的阴影，遇到挫折时迅速介入，用安慰或解决方案填补孩子的失落。然而，这种看似温柔的保护却可能削弱孩子应对逆境的能力。

在这样的环境中，孩子鲜有机会直面失败或独自解决问题。他们习惯了父母的"兜底"，逐渐形成一种心理依赖：困难应当被外部力量化解，而非自己承担。长此以往，独立应对挑战的经验匮乏，使他们在成年后面对现实的坎坷时显得脆弱。

例如，一个在童年从未被允许"输"的孩子，可能在职场中遇到第一次批评时手足无措，甚至陷入自我否定。类似地，生活中稍有不顺，他们可能选择逃避，或因情绪失控而一蹶不振。这种抗挫折能力的缺失，不仅影响个人成长，也可能让他们在工作压力或人际冲突面前轻易退缩，甚至放弃努力。

11. 害怕成功

过度养育的孩子，成年后常在职业发展中表现平庸。他们并非缺乏能力，而是被一种隐秘的心理所困——害怕成功。创业时，他们起步缓慢，关键时刻甚至会主动退缩，只因畏惧成功后更高的期待与责任。他们常以"爬得越高，摔得越惨"来自我安慰，用回避掩盖内心的不安。

在父母无微不至的庇护下，他们习惯了被安排、被照顾，对独立承担风险缺乏心理准备。童年的生活被精心设计，失败被挡在门外，冒险的机会也随之消失。渐渐地，他们更愿意退守"安全区"，而非走进不确定的现实。

例如，一位有潜力的年轻人可能在升职时临阵退缩，担心无法胜任；一位创业者可能在项目即将突破时突然松懈，潜意识中回避成功带来的新挑战。这些行为并非偶然，而是童年依赖模式的延续。他们害怕成功打破原有节奏，更害怕自己无法应对随之而来的变化。

12. 易产生饮食失调

在这类人群中，暴食、厌食或肥胖十分常见。这并非偶然。父母过度介入挤占孩子情感空间，使其无法独立。孩子通过食物寻求控制感，用暴食或拒食对抗父母的"入侵"，久而久之形成失调。

13. 自卑感

自尊源于内在的自我认可，但被过度养育的孩子往往自我评价较低。童年时期，父母不切实际的期望被他们内化为衡量自我的标准，一旦现实中稍有不如意，便迅速陷入"我不够好""我失败了"的否定情绪。

同时，过度保护剥夺了他们试错和成长的机会。他们习惯依赖父母的安排与肯定，缺乏独立面对挑战的经验，时间一长，对自己的能力产生怀疑。

还有，父母的控制让孩子将价值感建立在外部反馈上，而非内在稳定的自我认同。成年后，他们面对批评或挫折时，容易将外界的评价视为对自我的否定，从而加剧自卑感，难以建立健康的自我形象。

14. 创造力匮乏

创造力源于自由、探索与冒险，但在过度养育下，孩子常被剥夺了偏离常规的空间。

爱得太多的父母

尽管父母可能提供了丰富的资源与课程，却也同时以高强度的监督与焦虑，限制了孩子的表达与尝试。他们不自觉地将自己的期待投射到孩子身上，孩子为了取悦父母，不敢真实表达自己。

一位女性回忆，小时候她的画曾被老师称赞"很有想象力"，她满心欢喜地拿回家，却只换来母亲一句淡淡的评语："你该学学别的孩子怎么画得更像。"

从那以后，她悄悄把画笔收进抽屉，再也没有拿出来过。

真正的创造力，源于与内心的自由对话，而不是不断迎合外界期待。

当父母以"完美"为标准介入孩子的创造性表达时，他们或许并未察觉，这种微妙却持续的否定，正在悄悄扼杀孩子表达自我的勇气。

共生的隐形牢笼给孩子带来了什么

我和老加、老米聊起这些孩子成年后的困境时，都不约而同地发现他们的共通点：无论表面多么不同，这些孩子的内心都像被关在一座看不见的牢笼里。那座牢笼的名字，叫作共生关系。

什么是共生？就是孩子和父母"绑得太紧"，情感上缠成一团。它不仅是爱得太多，更是一种深层的心理结构——明明身体长大了，心却还困在"我是爸妈的人"的角色里，迟迟走不出依赖，踏不进真正的独立。

心理学家玛格丽特·马勒提出的"分离—个体化"理论很好地解释了这个现象。她说，婴儿一开始是和母亲"浑然一体"的，分不清你我，这是成长的自然起点。但这只是一个过渡阶段。随着孩子长大，就该慢慢学会："我是我，妈妈是妈妈。"

可如果这个"分离"的过程没完成，孩子就可能一直活在"共生状态"里——已经成年了，却还像小时候那样，需要父母来安排、照顾、替自己决定，甚至在感情中，也不断复制这种"依赖与照顾"的模式。

卡罗尔就是个典型例子。她总拿一张"择偶清单"来衡量别人，却从不问自己："我准备好爱了吗？"

她表面上在找一个合适的伴侣，其实内心想要的，是一个像父母那样的人：替她做决定，给她安全感，帮她挡掉人生的风雨。

她渴望被理解，却不敢走出舒适区去理解别人；

她想要亲密关系，却害怕承担亲密带来的责任；

她说她追求真爱，其实只是在寻找一个"情感保姆"。

这不是她的错，而是她从小就被养成了"被照顾的小女孩儿"，没有机会真正练习独立、承担与选择。她错过的，不是哪个男朋友，而是那个本该在爱中成长起来的"独立自我"。

再看安东尼奥，他的问题则源于母亲缺乏边界感。不请自

爱得太多的父母

来的探访、刨根问底的电话、随意翻动他的洗衣篮……这些举动，看似关心备至，实则是一种悄无声息的"心理侵入"，以至于让人窒息。

共生，就像一根藤蔓缠住一棵树苗，起初好像是在依靠，但藤蔓越缠越紧，树苗就失去了向上生长的自由。

在马勒的理论中，这是共生阶段未能顺利过渡到"个体化"的表现。母亲把孩子当成自己的延伸，而孩子在这样的环境中，根本没有机会去练习"我是谁""我能做什么"。

老米曾说过一句让我印象很深的话："最难挣脱的，是那种深到骨子里的爱。"

这就是共生关系的悖论：父母的出发点是爱，是保护，可当这种保护太满、太密、太久，就成了一种看不见的枷锁。

孩子如果没能完成心理上的"断奶"，即便长大成人了，也依旧难以成为真正的自己。他们可能永远在寻找一个"能替我做主的人"，从父母转移到伴侣，甚至到孩子身上——继续复制这种模式，一代又一代。

共生，不是坏父母的专属，而是很多"爱得太多"的家庭都会无意中踩进的陷阱。要走出陷阱，靠的不是离家，而是真正从心理上长大。

第十六章

孩子独立与父母放手之间的博弈

在与老加和老米的深度交流中，我脑海里反复浮现出两个画面：

一个是中国神话中哪吒"割肉还母，剔骨还父"的惊心一幕；另一个则是亚伯拉罕顺从神意，准备亲手将儿子以撒献祭的场景。

这两个故事，一个扎根于东方文化，另一个源自西方信仰，看似毫无关联，却仿佛在时空中遥相呼应，共同指向一个核心命题：孩子如何挣脱共生，父母又如何放手。

哪吒以极端方式撕裂血肉的依附，换取个体的独立；

亚伯拉罕在信仰与割舍之间挣扎，试图完成爱的"归还"。

这不仅是神话中的极端想象，更是现实中无数家庭反复上演的心理隐喻——孩子在长大，父母在放手，共生在松动，而爱的边界，正在被重新划定。

爱得太多的父母

哪吒式分离：孩子必须"离开"父母，哪怕是用最疼痛的方式

哪吒的故事，是中国文化中最震撼人心的一章。情节如狂风骤雨，结局悲壮如雷霆。他本是灵珠转世，天赋神力，却桀骜不驯，始终活在父母期待与自我意志的撕扯中。

当他误杀龙王三太子，四海龙王震怒而来，扬言若不交出哪吒，便水淹陈塘关。父亲李靖怒斥他为逆子，百姓惶恐下跪求交人，天下责难如山崩一般，尽数压向一个年仅7岁的孩子身上。

那一刻，他没有逃避，没有推责，而是挺身而出，高喊："一人行事一人当。"他将骨肉奉还父母，也将那句"我生你、养你，就得管你"的枷锁狠狠掷地。

那不是诀别，而是灵魂的决裂；他不是叛逆，而是在呐喊："还我自由，还我自己！"

最终，太乙真人前往昆仑，采莲藕为哪吒重塑肉身，使其重生——成为一个不再依附父母、真正属于自己的全新存在。

我讲完这个故事，老加沉默良久，低声说："你知道吗？这场分离的痛，我在许多孩子身上都见过。只是他们没用剑，也没流血——他们是用沉默、厌学、封闭、暴躁、饮食失调、自伤、逃避、焦虑、抑郁、沉迷网络、自我否定、社交退缩、失眠、强迫行为……一点点地，试图割断那条'依附之绳'。"

他望着我，眼神灼热："哪吒的故事，和马勒提出的'分离—个体化'理论如出一辙——孩子必须从母亲的心理融合中脱离，再经历个体化，才能发展出独立的自我意识。哪吒的割肉剔骨，就是这种分离的极端隐喻。他没选择循序渐进的过渡，而是用最决绝的方式，把自己从共生的牢笼中'劈开'。他的重生，就是脱离依附、成就自我。"

我没说话，只觉得背脊发凉。原来，每个孩子心里都可能住着一个哪吒。而我们却常常只看见他们的"不听话""太敏感""太冷漠"，却没意识到，他们正在用自己的方式，挣扎着完成一场分离。

老米接过话头，眼神凌厉："哪吒的隐喻之所以震撼，不仅在于分离，还在于它揭示了代价。马勒告诉我们，健康成长需要父母逐渐放手，让孩子在试错中建立边界。但现实中，许多父母因过度保护或掌控，拖延了分离，甚至让共生成为孩子一生的阴影。"

"哪吒的选择固然极端，却也说明，**孩子必须离开父母——哪怕是以最疼痛的方式。**"老米轻声总结，"**成长，从不是一场无痛的分娩，而是一场带着伤痕的远行。哪吒的故事提醒我们，唯有经历这场决裂，孩子才能破茧成蝶，成为真正的自己。**"

爱得太多的父母

勇于抉择的费尔南多：现实中的哪吒式分离

老米停顿片刻，眼神中闪过一丝光芒，低声说道："我想起了费尔南多，那个从波尔图赶来的年轻人。他安静得像水，却藏着锋芒。他曾轻声对我说：'我拒绝了父母安排的婚姻，因为我想为自己而活。'那一刻，他仿佛另一个哪吒——没有挥剑剖肉剔骨，却以平静而坚定的抉择，在父母与自我之间划出一道清晰的界线。这正是马勒'分离—个体化'理论中的'个体化'阶段：不再依附父母的意志，而是勇敢承担自己的选择。"

老米补充道："费尔南多的到来给我留下了深刻印象，因为他身上散发着一种少见的真诚与勇气，那是一个敢于直面内心冲突的灵魂。"

费尔南多的"分离"之旅，始于一段禁忌的爱情。他爱上了玛丽安娜——一个他从一开始就知道父母不会接受的女人。以下是费尔南多与老米在咨询中的叙述——

"我隐瞒了这段感情，"费尔南多坦言，"因为我知道，一旦父母得知，不仅会反对，甚至可能断绝关系。"直到订婚，费尔南多才鼓起勇气向父母摊牌："这就是我要共度一生的人。"

父母的反应不出所料——激烈反对。"她来自小镇，"费尔南多回忆，"他们觉得她和我们不是一个世界的，从说话方式到饮食习惯，再到待人接物，都格格不入。父亲以前最爱吃她做的炖鳕鱼，可得知她是瓜达村的人后，态度骤变，仿佛她的出身成了某种'威胁'。这太荒谬了。"

"你们还是结婚了？"老米瞥了一眼他手上的婚戒，问道。

"是的，但婚礼上没有他们的身影。"费尔南多顿了顿，"我理解他们的立场，却依然感到伤心。"

起初，费尔南多试图说服自己："没有父母，我也能过得好。"然而，现实远比想象复杂。断联后，他情绪低落，精神萎靡。他曾尝试和解，带着恳求拜访父母，却换来父亲冷若冰霜的拒绝。

"你们以前关系如何？"老米问。

"很亲近。我一直是他们的骄傲——以全班第一名的成绩毕业，考进法学院，按他们的期待生活。我是长子，从小到大，他们的话我几乎全听，除了婚姻这件事。"

"家里其他人什么态度？"

"母亲没多久就软化了，允许我参加节日聚餐。父亲见状也只好妥协。我当时很高兴，以为自己赢了，觉得他们不可能完全放弃我。但我太天真了。"费尔南多苦笑，"我带玛丽安娜回家，希望他们了解她后会像我一样爱她。可他们从没对她敞开心扉。即使她坐在对面，他们也视若无睹，仿佛她是个闯入我人生的'女巫'，让我背叛了他们的意志。他们无法接受，这一切是我自己的选择。"

"回想起来，我那时很懦弱，让玛丽安娜受了很多委屈。"他低头道，"婚后六个月，她终于爆发了。她对我说：'如果想

爱得太多的父母

让婚姻继续,你的父母至少得对我有些礼貌。我无法忍受每次去你家都被无视,而你却在一旁默许。我不想活在你的内疚里,也等不到他们接纳我的那天。要么让我成为真正的儿媳,要么我离开。'她的语气斩钉截铁。"

"你一定觉得左右为难吧?"老米问。

"是的。那一刻,我像被逼到悬崖边,无论选哪边都痛。站出来为她争取,就是与父母开战。我害怕极了,因为我从未真正独立过。"

一想到要明确立场,要求父母尊重玛丽安娜,费尔南多就感到巨大的焦虑。他甚至迁怒于她,指责她让自己陷入两难:"我从没想过要在情感上与父母分离。这种分离意味着我得告诉他们'我很满意自己的选择,你们的认可对我并非必需。我要求你们尊重我,就像我一直尊重你们那样',这话我怎么说得出口?"

"那你是放弃玛丽安娜了?"老米再次看向他手上的戒指。

"不,我后来想通了——我选择的是自己的终身伴侣,不是父母的。"费尔南多露出淡淡的笑。

他最终选择了玛丽安娜,鼓起勇气对父亲说:"我理解您的感受,也明白您为何这样对待她。但她是我的妻子,我不允许您或任何人对她无礼。我爱她,为了我的幸福,我必须和她在一起。我也爱你们,但如果非要在你们之间选,我选她。如果你们不能尊重她,我们就不再来这里。"

这是他的"提剑一刻"——没有血肉的撕裂,却有情感的决裂。他割断的,是那条维系30多年的"依附之绳"。那一刻,他不再是父母的影子,而是为自己而活的人。

结局并非童话。父母对玛丽安娜的态度从无视转为表面客气,但隔阂依旧。"他们不再当面批评她,却也不会真正接纳她。"费尔南多说,"前段时间我换了律所,经济有些拮据,他们没有像过去那样立刻援助我。也许这是他们表达不满的方式。"

"你介意这些变化吗?"

"说不介意是假的。"他沉默片刻,"节假日看到妹妹一家和父母亲密无间,我会羡慕,会失落。过去,我也是他们的骄傲。"

"后悔吗?"

"从不后悔。"费尔南多挺直腰,坚定地说,"当我抱着孩子,看着玛丽安娜,我知道自己成熟了。我没能改变父母,但我终于活成了自己。"

这是一个现实中的哪吒式分离。费尔南多没有挥剑剖骨,却用行动划出一条清晰的生命边界。他的分离不如哪吒那般剧烈,却同样需要勇气,同样伴随着撕裂与新生。他证明了,即便没有神话中的莲花,一个人也能在分离中重塑自我。

爱得太多的父母

亚伯拉罕式的放手：
放下的不是孩子，而是控制的执念

费尔南多的"哪吒式分离"虽有代价，却换来了真正的成长。那么，作为父母，我们该如何放手？我想起了亚伯拉罕的故事。

亚伯拉罕老来得子，取名以撒。以撒是他暮年的希望，是生命的延续。然而有一天，神的声音降临，要求他将独生的爱子以撒带到摩利亚山上，作为祭品献上。亚伯拉罕一声不吭，只是默默遵从。他带上柴火，带着以撒，骑着驴，慢慢走向山顶——直到刀锋举起的最后一刻，神才以一只公羊代替了以撒，终止了这场考验。

表面上，这场献祭波澜不惊，但在这份沉默的顺从背后，藏着无法想象的挣扎、撕裂与痛苦。他举刀的手是否颤抖？当以撒问"燔祭的羊羔在哪里"时，他的声音是否带着一丝哽咽？

亚伯拉罕没有流泪，却完成了一场灵魂的献祭。

如果把这个故事放在今天看，它更像是一种父母放手的隐喻——把孩子从掌心缓缓放出，交还给命运，交还给那条他终将独行的生命之路。

真正的割舍，不在身体，而在心里。

这种"精神上的割舍"，往往比身体上的分离更疼痛。

第五部分 总结：我们需要反思什么

丹麦哲学家克尔凯郭尔将亚伯拉罕的献祭，写成了一本书，名叫《恐惧与战栗》——当你真正要放手时，感受到的不是轻松，而是灵魂深处的战栗。

我轻声说："哪吒是用刀斩断依附，亚伯拉罕是用沉默承受分离。他的刀没有落下，但那一刻，已是他与以撒之间最深的割裂。"

老加点点头，目光沉静："是的，亚伯拉罕的恐惧与战栗，不正是每一位试图放手的父母内心的写照吗？"

老米补充："我们见过很多这样的父母。像马德里的那位母亲，带着孩子画的画走进咨询室，泪水早已模糊了颜料。她拼命想留住儿子，甚至用愧疚绑住他，但最后她说：'我感觉自己像是把他送上了祭坛，但如果不放手，他永远不会成为他自己。'"

我看着老加，低声问："如果亚伯拉罕是今天的父母，他会怎么做？"

他沉默了一会儿，说："他可能会含泪放手，或者像费尔南多的父母那样带着不甘妥协。但无论如何，放手需要的不是刀，而是勇气——面对未知的勇气。"

心理作家梅洛迪·贝蒂曾写道："**放手意味着，把别人的责任还给他们，把自己的生活还给自己。**"这是觉醒之爱的表达方式。

真正的放手不是放弃，而是交付——相信孩子有能力走自己的路，找到属于自己的答案。

老加望着窗外，低声说："克尔凯郭尔称亚伯拉罕是信仰的骑士。我想，现代父母又何尝不是？放手孩子，如同献祭，虽充满煎熬，却是对爱的极致诠释，更是对孩子的最大信任。"

亚伯拉罕的故事没有血腥的祭坛，却留下了一个永恒的命题：父母的放手，不是失去，而是让孩子在自由中绽放。

我轻声补了一句："爱若变成控制，便是枷锁；唯有放下执念，爱才能成全彼此的成长。"

彩虹之约：爱该有的样子和颜色

写作即将收尾时，我与老加、老米站在罗卡角。

这里是欧洲大陆的尽头，风很大，海很远，浪花拍打着礁石，像是在诉说每一个家庭的秘密。

那 800 个家庭的资料，就像一卷卷泛黄的航海日志，记录着父母与孩子之间的拉扯与碰撞，也见证了那些穿越风暴后的释然与新生。

内雷亚，一位 47 岁的西班牙母亲，曾几乎要被女儿伊西多拉"逼疯"。

17 岁的女儿突然变得叛逆、冷漠、不可理喻：逃课、辱骂老师，甚至在母亲的床上与陌生男孩儿挑衅式地嬉闹。

她尝试过一切办法"拯救"女儿，甚至花了 10000 欧元请来知名治疗师，结果却适得其反，母女关系越发紧张。

在一次视频咨询中，内雷亚哭着对老加说："我以为多爱她一点儿，多管她一点儿，她就会变好。但越是管，她越叛逆，我也越痛苦。"

老加后来单独与伊西多拉沟通，女孩语气中满是怒气和不屑："她管得太多了，我就是要让她知道，她没法控制我。"

这幕场景揭示了一个常被忽略的真相：当父母越想牢牢抓住，孩子越会拼命挣脱。控制，非但不能解决问题，反而成了叛逆的催化剂。

老加给出了关键建议："孩子的改变，常常从大人放下执念的那一刻开始。"

他鼓励内雷亚停止对女儿的过度干预，把注意力转向自己。最终，内雷亚与女儿达成了一份协议：母亲不再干预，女儿为自己的选择负责。

她狠下心告诉女儿："你可以选择毁掉你的人生，但别把我拖下水。"这是她第一次，真正划清了责任的界限。

从那天起，她不再偷偷查看女儿的房间，也不再整夜焦虑失眠。她开始散步、读书、练瑜伽，把注意力从掌控他人转向照顾自己。

"签完协议那晚，我哭了一整夜，感觉像失去了她。但后来我发现，我终于找回了我自己。"

几个月后，伊西多拉的状态悄然变化：她开始准时上学、主动沟通，母女关系也慢慢回暖。虽然仍有小叛逆，但那种"硬碰硬"的紧张气氛已不复存在。

老加将这种"划清边界、交还责任"的行为称为——彩虹之约。

彩虹,是天与地的盟约,是暴风雨后的光。它象征承诺,也象征释放。

当内雷亚不再扮演"控制者"时,她不仅疗愈了内心的焦虑,也为女儿创造了真正自由的成长空间。

这样的"彩虹之约"并非孤例。

露西亚的父母,在放下对女儿生活的过度干预后,终于卸下焦虑,露西亚也开始学会为自己负责。

还有莉娅的父母,接纳她是一个特殊的孩子,放下了"非得纠正她"的执念,莉娅也更安然地活在自己的节奏里。

彩虹之约,不是一纸协议,而是一场爱的觉醒:

当父母松开攥紧的拳头,让焦虑随风而去;
当父母卸下"拯救者"的铠甲,与孩子并肩面对风暴;
在这场双向的洗礼中,彩虹穿透乌云,照亮天与地的尽头。

那天,从罗卡角回家的路上,一道彩虹突然破云而出,从海面一路铺展到天际。

我停下车,望着那道光,心跳骤然加快。它仿佛是天地间的一封回信,为我与老加、老米的探讨,写下了最美的注脚:

真正深沉的爱,不是掌控,而是信任;不是庇护一切,而是放手,让孩子在风雨中,找到自己的方向。

后记
在爱中放手，在放手中见证奇迹

我要由衷感谢老米和老加。他们敞开心扉，将那些鲜活而真实的故事毫无保留地分享给我。在一次次倾听的过程中，我深深被触动：原来爱与痛、挣扎与迷茫，是如此超越国界与文化的共通语言。

那是一根无形的线，串起每一位为人父母的心——无论你身在何处，说着何种语言，只要你面对孩子，那份深沉的爱与无措的困惑，便会如影随形。

这些"过来人"的故事里，有欢笑与泪水，有温暖的拥抱，也有深夜里的叹息。他们的孩子如今都已长大成人，可他们走过的路，像一盏盏微光，照亮着后来者——那些即将成为父母、刚为人父母，或仍在育儿旅程中摸索的人们。

这些故事，不只是回忆，更是一种深切的呼唤：爱孩子，并不是替他们铺好每一步，而是给他们空间，去走一条属于自

爱得太多的父母

己的路。

想想看，你是否也曾想为孩子打造一个"完美世界"？老加讲过一个让我至今心颤的故事：一位母亲事无巨细地掌控孩子的一切——早餐吃什么、和谁交朋友，连该不该有情绪都被她悄然规定。她以为这是爱，是庇护，可那孩子却在这样的"爱"中渐渐沉默，眼神如熄灭的烛火。他不再哭、不再闹，甚至不再有自己的声音——因为他被"保护"得失去了感受的能力。最终，他抑郁，跳楼自尽。

这让我想起哈耶克那句刺痛人心的话："通往地狱的路，往往由善意铺就。"

我们太想给孩子营造一个天堂，却忘了，真正的天堂，不是父母赐予的礼物，而是孩子自己跌倒，爬起，再站稳的那片天空。

老米曾说：**"父母不是孩子的救世主，而是黑暗中的守灯人。"**

对每一位新手父母来说，这句话都是一份珍贵的提醒。

别急着替孩子扛下所有，也别抢着填满他们的空白。

请给他们犯错的机会，给他们试探世界的自由。

因为只有在真实的风雨中，他们才能听见自己的心跳，找到"我是谁"的答案。

我多希望你们——是的，就是此刻正捧着奶瓶、推着婴儿车，或还在孕育希望的你们——能从这些故事中汲取一点勇气。

放下那份"为你好"的执念，试着相信，孩子有能力走好

后记 在爱中放手，在放手中见证奇迹

自己的路。

别怕他们跌倒，别怕他们流泪——那些眼泪和磕碰，正是他们翅膀生长的痕迹。

在爱中放手很难，但唯有放手，才能见证奇迹——见证孩子跌跌撞撞，却终于站稳；见证他们从依赖的幼雏，变成展翅的雄鹰。

那一刻，他们绽放出独一无二的光芒，而你也会发现：所有的等待、所有的退后，都是值得的。

因为你真正给他们的，不是一个被安排好的未来，而是一个可以自由呼吸的世界。

这 14 个故事，是送给我们的礼物，也是留给孩子的祝福。

愿我们在爱中学会退后一步，在放手中，看见属于他们的成长彩虹。

爱得太多的父母

·附录·
彩虹之约行动清单

放下"完美父母"的幻想与控制欲

"完美父母"的幻想不现实，如同期待孩子完美一样，做足够称职的父母更实际。停止自责，放松心态，信任孩子的能力。

试试：在你信任的人面前犯一个小错；列出你在孩童时期的五次"搞砸"经历，重新审视你眼中孩子的"不完美"，然后你会发现孩子的本来面貌也很美。

放下"控制欲"，问问自己：我做这一切，是为了帮助和劝告孩子吗？还是因为，我不相信孩子在没有我干预的情况下能走对路？

试试：不要把注意力全部放在负面事物之上，区分孩子的责任和你的责任，停止把自己的观点强加给孩子。

重新学会尊重自己的感受，每天练习接纳并认可自己

过度参与孩子的生活，便忽视了自身需求。内心的空虚往往源于曾经自己的感受总是被忽略，我们只能通过依赖孩子，寻求情感满足，但这无法真正填补空缺，所以重新学会与自己的情绪同行，接纳自己是关键。

试试：对自己诚实一些，尝试伤心的时候大哭一次，在别人面前丢一次脸，列出十项自我欣赏的品质，每日五次自我肯定，如"我接纳现在的自己"。坚持说积极的话语，对抗内心批判者，逐步改变负面想法。

重视人际交往，发展身心爱好

过度干预孩子的生活易导致空虚孤独，摆脱依赖需充实自我。

试试：列出"孩子长大后想做的事情"，立即行动起来；写下人际交往需求，与多年来你一直想联系的老朋友取得联络，或者结交一个新朋友；培养一项有益身心的爱好，如运动、艺术、阅读或旅行，提升自我价值，缓解空虚感。

关闭"自动驾驶模式"

我们常常不假思索地对孩子的生活做出反应，仿佛开启了"自动驾驶模式"：倾听、担忧、掌控、建议、乞求、争论、推动，甚至焦虑不安。这种模式让我们深陷其中，忽略了思考和判断的重要性。其实，并非所有问题都需要我们立即介入，某些问题会随着时间的推移自行解决，而有些则需要我们的关注和支持。

试试：识别触发"自动驾驶"的情境，想干预时停下来，深呼吸，冷静思考。判断哪些问题需关注，哪些可随时间化解，避免夸大问题的严重性。

用心经营婚姻

稳固的婚姻是孩子情感安全的基石。

试试：从小事开始，如与伴侣共进晚餐、散步聊天，计划二人世界，重燃亲密，增强家庭和谐，让孩子感受到爱的支持。

学习一些亲子交流的有效技巧

有效的交流应表述清晰、前后一致且坦率诚恳。父母需要言行一致，将内心的感受真实地表达出来，并以孩子愿意倾听、能够理解的方式与其沟通。

试试：积极倾听：这意味着你得让孩子感受到你真正把他们的话听进去了。改述与提问：用自己的话，复述你所听到的内容，这也会让孩子觉得你在倾听，并试图理解他们。表达同理心：你不必赞同孩子说的每一句话，但仍可表达出同理心。跟孩子分享你的感受：如果你从不向孩子敞开心扉，他们也不太可能信任你并分享他们的心事。叙述时用"我"作为开头：以"你"为开头的句子，比如"你从不做家务"，或"你从不给我打电话",往往暗含指责之意,让孩子为自己辩解,引发争吵。更有效的方法,是使用"我"作为开头:"你没给我打电话,我挺想你的。"

与自己的父母谈一谈,打破旧有的关系模式

很多父母养育孩子的模式都源于童年经历,所以要彻底改变现在与孩子的关系,必须回到自己的童年。与父母坦诚相待,并不意味着我们要一一举出他们过去对我们的伤害、过度保护以及过高的期望值,然后要求父母补偿。坦诚相待意味着我们要增强与父母沟通的技巧,暴露出情感里脆弱的一面,果敢并且诚实。

试试: 你可以给父母写一封信,聊聊自己对他们一直以来的控制有多么不满。你不必将信寄给父母,仅仅是通过书写把自己的情绪宣泄出来,就能让你从情感上放下与他们的较量。

告诉孩子你的改变

彩虹之约不仅作用于你,也作用于孩子。坦诚告诉孩子你的行动计划,分享你在放下控制、接纳自我、充实生活中的努力。

试试: 选择轻松场合,如晚餐时说:"我在学着不过分担心你,给你更多空间,也让自己更快乐。"进一步优化你们的关系,如"我希望你能更自由地做自己,我也会找到自己的兴趣"。鼓励孩子分享感受,增进理解与信任,强化亲子纽带。必要时,承认过去干预过多,表达歉意,如"我有时管太多,

是想保护你,但我相信你能做好自己的选择"。这不仅展现了你的成长,也为孩子树立了接纳与沟通的榜样。